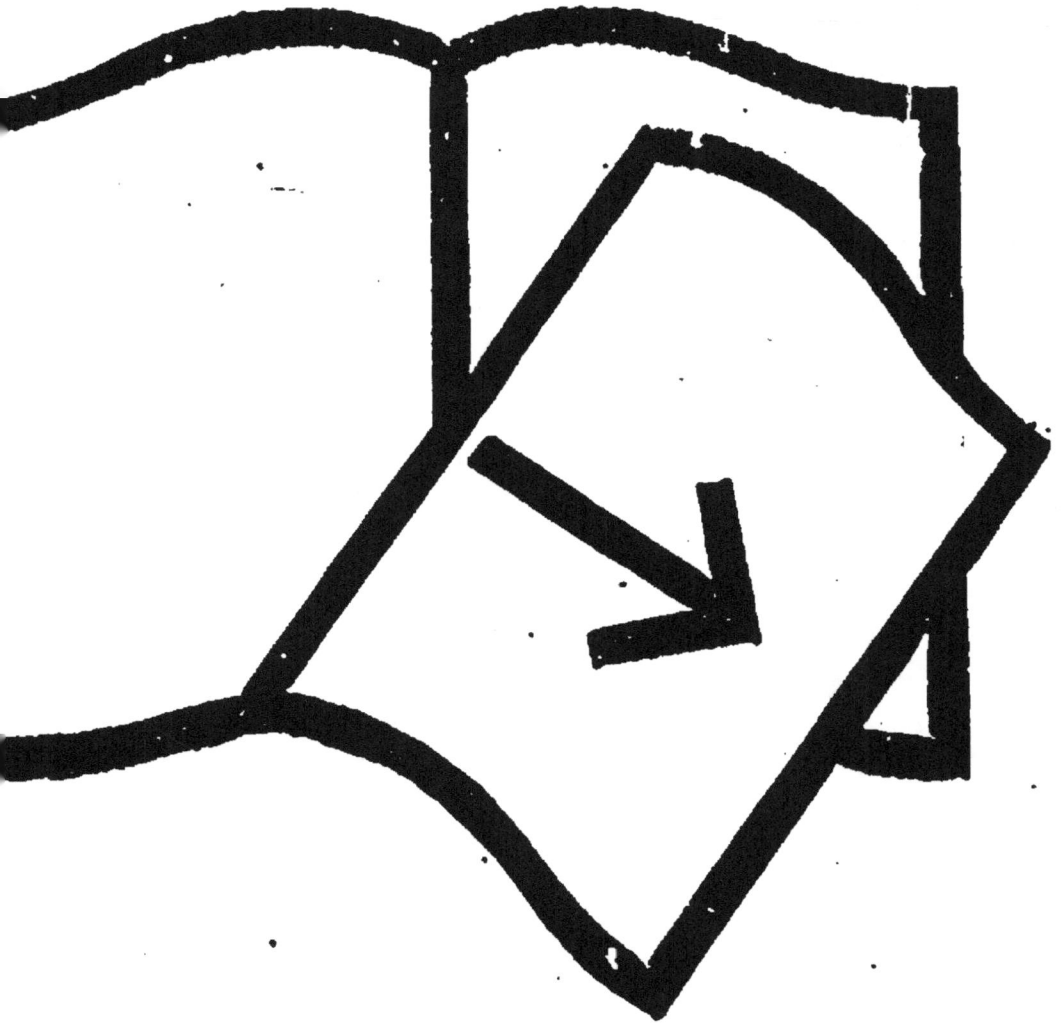

Couvertures supérieure et inférieure
manquantes.

NOTICE

SUR L'ANCIENNE

BARONNIE DE BENQUE

AU COMTÉ DE COMMINGES

PAR

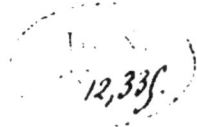

M. CYRILLE DE MONT DE BENQUE

Secrétaire du Conseil général de la Banque de France, chevalier de l'ordre pontifical
de Saint-Grégoire-le-Grand.

A. L.

BORDEAUX

IMPRIMERIE D'AUGUSTE LAVERTUJON, 7, RUE DE GRASSÍ
—
1866

NOTICE

SUR L'ANCIENNE BARONNIE DE BENQUE

AU COMTÉ DE COMMINGES

—

Plus nous nous séparons par nos idées, par nos mœurs, de l'ancienne société française, et plus semble se développer en nous le goût des études et des recherches de tout ce qui peut en rappeler le souvenir.

Les travaux se multiplient pour sauver de l'oubli des détails, des faits particuliers d'autant plus intéressants, qu'ils jettent plus de jour sur l'organisation et le fonctionnement de cette société où la liberté locale jouait un très grand rôle. C'est sur la Commune, généralement appelée alors *Communauté*, sur la *Province*, qu'il faut fixer ses regards pour y surprendre les secrets de la vie sociale ; chacune d'elles avait son existence personnelle, ses lois, et par conséquent son histoire. C'est, a-t-on dit, en coordonnant ces éléments divers que l'on peut arriver à avoir une histoire nationale bien complète.

Je n'ai nullement la prétention, en commençant cette humble notice, de concourir à une œuvre aussi importante. Le talent et le sujet feraient également défaut; mon ambition est beaucoup plus modeste, je veux seulement retracer tout ce que j'ai pu savoir sur une localité qui a joué au moyen-âge, dans le comté de Comminges, un rôle assez considérable, et qui m'est chère à plus d'un titre : chère par tous les souvenirs de ma plus tendre enfance, chère par la mémoire vénérée qu'y a laissée mon père, chère par cette propriété sacrée du nom que je partage avec elle.

BENQUE, aujourd'hui simple commune du canton d'Aurignac (¹), arrondissement de Saint-Gaudens, département de la Haute-Garonne, était autrefois un des fiefs de dignité les plus importants du comté de Comminges ; ses anciens

---

(¹) *Aurignac*, châtellenie du comté de Comminges, situé sur un monticule, dans un site sauvage, possédait un château dont il reste encore de belles ruines. Son nom, d'après Castillon d'Aspet (*Histoire des Populations pyrénéennes*, tome I, page 390), dériverait de *auri gnatus*, mines d'or que son terroir devait receler, et serait, par conséquent, d'origine romaine. Comme place forte, il était exempt de redevances seigneuriales, son tribut consistant à défendre le pays (*Id.*, tome I, page 293). Son château passa successivement à divers membres de la maison de Comminges. Il est mentionné dans le testament de Pierre-Raymond II, comte de Comminges, seigneur de Serrières, comme faisant partie de la dot de Jeanne de Comminges, sa cou'ne, qu'il avait épousée en 1350 (Père Anselme). En 1389, il appartenait à Roger d'Espagne, qui le comprit dans l'hommage qu'il rendit au roi pour ses terres (Dom Vaissette). En 1443, on voit Aurignac au nombre des *terres, receptes et chastellenies* dont la jouissance fut laissée à Marguerite de Comminges, femme de Mathieu de Foix, par l'accord passé à Toulouse, le 9 mars 1443, entre Charles VII et Mathieu de Foix. A la mort de ce dernier, en 1454, la châtellenie d'Aurignac fut réunie à la couronne avec tout le comté de Comminges. En 1660, elle comprenait cinquante-cinq villages et un fief de dignité, *la baronnie de Benque*. Aurignac dépendait du diocèse de Comminges. Les États de Comminges s'y tenaient quelquefois. Les procès-verbaux de ces États nous ont conservé le souvenir d'une attaque dirigée, en 1583, par le sénéchal de Toulouse contre le château et la ville d'Aurignac, dont une bande de malfaiteurs s'était emparée sous les ordres d'un capitaine Magret, et d'où elle exerçait sur tout le pays des exactions épouvantables (Voir l'excellent *Mémoire* de M. V. Fons *sur les États de Comminges*). Aurignac possédait un couvent de la Merci, fondé en 1292 par un comte de Comminges. (L'ordre de la Merci fut fondé en 1223 par saint Pierre Nolasque, pour la rédemption des captifs.) Ce couvent, d'abord très important, était réduit, en 1771, à trois religieux prêtres et à un frère. Il possédait encore alors trois métairies de trois charrues chacune et quelques terres séparées, une, entre autres, à Benque, au quartier de Bérnadon. Salies possédait aussi un couvent du même ordre, qui, à la même époque (1771), n'avait qu'un seul religieux prêtre. Cette situation précaire des deux couvents avait déterminé les supérieurs à les réunir aux Trinitaires de Saint-Gaudens, dont le but était également la rédemption des captifs ; mais en 1782, le couvent d'Aurignac fut, sur les instances réitérées de la population, rendu de nouveau aux pères de la Merci. Ce ne devait pas être pour longtemps ; la révolution de 1789 le fit disparaître sans retour (Archives d'Aurignac). Aurignac possède une confrérie de pénitents bleus dont l'établissement, qui remonte à 1615, fut l'œuvre de M. l'abbé Filhoulet, docteur en Sorbonne, curé de la paroisse. Cette confrérie fut affiliée, en 1699, à celle de Toulouse, qui avait une grande célébrité,

seigneurs ont formé une famille puissante et ont joué un rôle considérable dans nos contrées méridionales.

Dans son *Dictionnaire géographique, historique et politique des Gaules et de la France*, édition de 1763, l'abbé Expilly signale ainsi la situation géographique et l'importance de Benque :

« *Benque, dans le comté de Comminges en Gascogne,* » *Diocèse et Élection de Comminges, Parlement de Toulouse, Intendance d'Auch, Châtellenie d'Aurignac. On y* » *compte trois feux* (¹), *huit bellugues, et un quart de bellugue de feu.* »

M. Castillon d'Aspet lui donne, dans son *Histoire des Populations pyrénéennes* (tome II, page 373), le nom de *Benque-Dessus*. C'est une erreur : Benque-Dessus était situé dans la châtellenie de Fronsac, comté de Comminges; on n'y comptait, d'après l'abbé Expilly, qu'un feu et une bellugue et demie. D'après les dénombrements de ses derniers seigneurs, la baronnie de Benque avait pour limites : au nord, Peyrissas et la seigneurie de Lussan; à l'est, la seigneurie de Samouilhan; au midi, Alan et les seigneuries de Bachas et de Montoulieu; à l'ouest,

et à laquelle Louis XIII avait accordé le titre de Confrérie royale, en se faisant inscrire au nombre des confrères Son exemple eut d'illustres imitateurs, entre autres Anne d'Autriche, Louis XIV, Richelieu, etc.

Les armes d'Aurignac étaient, d'après l'*Armorial national de France*, de Traversier, IVᵉ série, page 71, *de sinople à trois tours d'or en pal*, et d'après l'*Armorial général de la Haute-Garonne* de 1860, page 75, reproduit par le *Nobiliaire toulousain*, page 45, *d'azur à un mont d'or sommé des otelles de Comminges.*

(¹) On entendait par *feu* une certaine étendue de terre ou un certain nombre de maisons dont la valeur était déterminée et estimée capable de supporter en proportion telle ou telle partie d'une imposition générale établie sur la généralité et répartie également en proportion sur les élections et sur les communautés qui composaient cette généralité. La *bellugue* était la centième partie d'un feu, et se subdivisait elle-même en *quarts de bellugue*. Ainsi, une communauté ou un particulier qui aurait été imposé à trente bellugues aurait payé 30 livres, si l'imposition, répartie sur chaque feu, se fût trouvée sur le pied de 100 livres. (*Dictionnaire* de l'abbé Expilly.)

celles de Boussan et d'Eoux ([1]). Elle comprenait Benque
et Gélat; — le nom de ce dernier lieu a une origine
romaine : il vient d'*Edelati*, une divinité païenne locale
que l'on y adorait et que les Romains, maîtres de toutes
ces contrées, avaient respectée et même adoptée ([2]).

A quelle époque Benque a-t-il été érigé en baronnie ?
Rien ne l'indique. Toutefois, ce titre lui appartenait fort
anciennement. Il est mentionné dans l'acte de donation
de la justice d'Escanecrabe, faite à Raymond-Guilhaume
de Benque, seigneur d'Esparron, le 15 septembre 1351,
par Pierre-Raymond II, comte de Comminges, seigneur
de Serrières :

« .   .   .   .

» Et voluit quod in aulcâ judex dicti Raymondi-Guilhermi
» et suorum successorum in stitutus seu instituendus in
» *baronia de Benqua*, audiat et examinet in sine dubito
» terminet omnes et singulas causas civiles et criminales
» in dicto loco d'Escanecrabe et ejus pertinenciis emer-
» gentes et emergendas pro ut in *baronia de Benqua*,
» audire et examinare, inquirere, convenire, deffinire et
» judicare, consuevit ([3])..... »

Le droit et les priviléges attachés à cette baronnie s'é-
taient insensiblement affaiblis dans le cours des âges.
Toutefois, ce qui restait encore avant 89 donne la mesure
du pouvoir qu'avaient les anciens seigneurs. Le baron de
Benque avait le droit de justice haute, moyenne et basse,
droit presque redoutable, puisque celui qui l'exerçait
pouvait disposer de la vie de ses justiciables. Il nommait
les officiers nécessaires à l'exercice de ce droit : juge, pro-
cureur fiscal, greffier, geôlier, bayle *(bajulus, bailly)*, et
les révoquait à son gré. Il choisissait les consuls du lieu

([1]) Ce sont encore les limites de la commune actuelle.
([2]) *Vie et Miracles de saint Bertrand*, par M. d'Agos, page 44.
([3]) Acte du 15 septembre 1351, par devant Me Anglade, notaire d'Alan.

sur une liste double que lui présentaient les habitants, et il en recevait le serment de bien remplir leur charge.

Il avait aussi le droit de *lods et ventes* ([1]), le droit de *sang* ([2]), et celui de *prélation* ([3]).

La baronnie de Benque possédait dans son territoire quatre arrière-fiefs ou maisons nobles, dont les propriétaires relevaient du baron de Benque et lui devaient hommage et serment de fidélité ([4]); — c'étaient les fiefs de Vic, de Maucabanne, du Verger et de Mirepech. Dans les derniers temps de l'ancienne monarchie, ces fiefs étaient possédés : Vic et Maucabanne, par M. de Vic, seigneur de Bachas; le Verger, par M. de Barèges, seigneur de Lutilhous, et Mirepech, par M. de Preissac, qui en était seigneur par indivis avec M. de Villemur de Rieutort.

Le premier devait au baron de Benque l'hommage lige, et aussi l'hommage noble et honoraire d'une paire de gants blancs; M. du Verger, l'hommage lige d'un baiser à la joue et la redevance honoraire d'un goûter dans sa maison du Verger, ou quatre sols deux deniers toulzas,

---

([1]) Droit de *lods et ventes* : impôt que l'on payait au seigneur pour toutes mutations ou ventes de biens non nobles.

([2]) Droit de *sang* : amende que devait payer au seigneur quiconque faisait couler le sang dans une querelle ou par voie de fait. Cette amende était, à Benque, de soixante sols tournois.

([3]) Droit de *prélation* : par lequel le seigneur avait, dans le cas d'achat d'un immeuble, la priorité sur son vassal acquéreur.

([4]) L'*hommage* était un serment de fidélité que devait faire tout vassal qui possédait un fief, au seigneur dominant. L'*hommage lige* était plus étendu que l'*hommage honoraire*; il liait la personne même du vassal, en sorte que le seigneur pouvait l'employer envers et contre tous, au dehors et au dedans du territoire, excepté contre le roi. Dans l'hommage honoraire, le vassal était à genoux, tête nue, les mains jointes dans celles de son seigneur, auquel il promettait fidélité. Il donnait acte par écrit de ce serment. L'hommage lige se prêtait nu-tête, les mains jointes sur les Évangiles, un genou à terre, sans épée, sans ceinture, sans éperons. Il y avait un degré de plus de soumission. Le vassal ne pouvait jamais être dispensé de l'hommage lige; il pouvait l'être de l'hommage honoraire. (Voir : *Dictionnaire de Trévoux*; *Traité de la Noblesse*, par La Roque; *Code de la Noblesse*, par Semainville, art. *Hommage*.)

bonne et forte monnaie; M. de Mirepech, l'hommage lige d'un baiser à la joue.

Un document qui est entre mes mains, et que je reproduis ci-après, semblerait indiquer que les barons de Benque avaient le droit de siéger aux États de Comminges, immédiatement après les évêques et les abbés qui y avaient entrée, et avant tous autres gentilshommes, sans aucune préférence. Aux États de 1569, tenus à Muret au mois de juin, par ordre de Montluc, lieutenant-général du roi dans le duché de Guyenne, M. de Lamezan, syndic de la noblesse, ayant occupé la première place *après l'église*, Odet de Benque, *baron dudit lieu, baron du pays et comté de Comminges*, représenté par Adrien de Benque, son fils, protesta par acte notarié contre cette usurpation, qu'avait autorisée Mᵉ Jean de Borderia, président des États, en qualité de juge royal de la judicature de Comminges. Ce dernier répondit qu'il avait obéi à la délibération faite sur ce point par les États, et Odet de Benque répliqua qu'ayant été averti qu'aucune délibération de cette nature n'avait été prise, il persistait dans sa protestation. Cet acte était-il fondé sur des précédents sérieux, ou bien ne faisait-il que continuer une prétention du seigneur de Benque, dont les États de 1569 auraient fait justice? C'est ce que je n'ai pu parvenir à établir. Les procès-verbaux des États antérieurs à 1569 manquent presque tous. Il ne m'a donc pas été possible de constater quelle était la place que les prédécesseurs de Odet de Benque avaient occupée à ces États. Toutefois, j'exprimerai un doute sur le droit qui fait l'objet de la protestation en question. Les seigneurs de la maison de Comminges, de la branche de Péguilhan, avaient, en qualité de barons de Montfaucon, le titre de premiers barons du comté, et ils assistaient en cette qualité aux États [1]. Il peut paraître étrange qu'ils n'y occupas-

---

[1] Père Anselme, art. *Comminges; Mémoire* de M. V. Fons *sur les États de Comminges.*

sent pas la première place parmi la noblesse, et que cette première place fût réservée au baron de Benque; du reste, ces derniers ont peu figuré aux séances des États tenus dans les dernières années du seizième siècle et pendant le dix-septième, car leur nom n'est pas même mentionné dans l'excellent *Mémoire sur les États de Comminges*, qu'a publié M. Victor Fons, dans le tome VIII, pages 161 à 206 du *Recueil de la Société Archéologique de Toulouse*.

Voici le texte de la protestation dont je viens de parler :

«Ce vingt cinquiesme jour du moys de juing mil cinq cent soixante neuf en la ville de Muret, avec moy notaire royal soubz signé présent et les tesmoingtz bas nommés noble Adrien de Benque, filz de noble Odet de Benque, chevallier seigneur Baron du dict lieu, Baron du pays et Comté de Comminges se seroist présenté à monsieur maistre Jehan de Bourderia, docteur ès droitz royaux en la judicature du dict Comminges, auquel sieur de Bourderia, par le dict Benque luy auraict esté dict et remonstré que suyvant la missive envoyée à son dict père de son mandement, et pour tenir son lieu et plasse seraict venu expressement et par expresse, en la présente ville et assemblée faicte ce jour, présentée par le dict pays du dict Comminges et par mandement de monseigneur de Monluc, chevallier de l'ordre du roy, son lieutenant général en la duché de Guyenne et de tant que à la dicte assemblée faicte dans la maison commune du dict Muret, le dict de Bourderia présidant à icelle comme chefz, ne auraict baillé au dict de Benque, à la dicte assemblée, le lieu et plasse et siège que son dict père de toute ancieneté à toutz estats, comme Baron en la dicte Comté, tient et luy apartient qu'est avoir préfférance devant toutz aultres gentilhommes et ordre de siège après la glize, ayns toléré et permitz qu'un monsieur de Lamazan, soy disant scindic de la noblesse, ce que n'est poinct, serait alé devant luy au dict siège, par quoy ledict a protesté contre le dict sieur de Bourderia de la diote preffe

rance et injure, actendu que cest ung tiltre de honeur
préjudiciable à son dict père et ancestres et de en avoir
recours, despens, dommages et interetz ou il apartiendra.
Lequel seigneur de Bourderia a respondu à la présente acte
quil emploie à la délibération faicte sur ce par les dicts
Estatz, declairant ne entend point avoir greve aulcune-
ment le dict Benque, et ne a point consenti à la présente
protestation. Le dict de Benque dict que la dicte assemblée ne y a poinct faicte aulcune délibération comme il a
esté adverty, mays de ce que ledict seigneur de Bourderia
a permis et tolléré le dict de Lamezan aye esté prefféré
devant luy comme représantant, son dict père a persisté en
ses protestations requerant de ce acte luy en estre retenu.
Ce que a esté faict présans maistre Ramond Trenque,
recteur de la bastidette du Sabca, M. Jehan Carnejac de
Thls^e et moy Anthoyne Detebrery, notaire royal du dict
Muret qui de sus requis ay retenu la présente acte et me
suis soubz signé.

» A. DETEBRERY. »

La communauté avait aussi ses prérogatives. Elles
étaient garanties par les coutumes de 1470, dont je par-
lerai plus bas. Les principales étaient la présentation des
consuls, la possession franche et libre de tout droit féodal,
d'une certaine étendue de terrain par maison ; la liberté
du pâturage pour les bestiaux, et enfin le droit de feuillage
et de forestage, moyennant une certaine redevance annuelle. Ce droit consistait à pouvoir prendre du bois sec et
mort bois pour le chauffage, et du bois vert pour la cons-
truction des maisons et des instruments aratoires. De tous
ces avantages, les habitants de Benque paraissent avoir
particulièrement tenu au dernier. L'exercice du droit de
forestage a été pour eux l'origine de démêlés continuels
avec leurs seigneurs qui, n'habitant plus la localité depuis
longtemps, n'avaient pas noué avec leurs vassaux ces
liens de mutuelle affection que l'on trouve fréquemment

dans l'ancien régime, et qui puisaient leur force dans une réciprocité de rapports aussi avantageuse pour le paysan que pour le seigneur. Dans notre pays de montagnes, les populations sont très jalouses de la jouissance des forêts. A Benque, les deux forêts principales, celle de l'Embargade, encore aujourd'hui bois de haute futaie, et celle de la Barthète de Gélat, qui a disparu pour faire place à des pâturages, appartenaient au seigneur. Mais les habitants tendaient à élargir l'usage des droits accordés par les coutumes de 1470. Ils en étaient venus, de prétentions en prétentions, jusqu'à contester au seigneur la propriété de ces bois : toutefois, cette propriété était si bien établie, que la Révolution elle-même la respecta. Les prétentions d'un côté, la résistance de l'autre, se continuèrent encore quelques années après 89 ; mais les temps étaient trop changés pour que la question pût être longtemps débattue : une transaction du 5 janvier 1809, entre les héritiers du dernier seigneur et la commune, fut approuvée par le gouvernement. Elle mit fin à cette longue suite de contestations et de procès, en attribuant aux héritiers une portion des terrains disputés et l'autre portion à la commune.

Parmi les pièces composant les anciennes archives de Benque, les plus intéressantes sont les procès-verbaux des délibérations de la communauté. En les lisant, on assiste, pour ainsi dire, à ces assemblées dans lesquelles régnait une certaine animation. Elles étaient composées des notables habitants ayant à leur tête les consuls en charge. Quand l'objet de la délibération avait de l'importance, le juge de la baronnie y assistait et prenait la présidence. Si l'intérêt à débattre était commun entre le seigneur et la communauté, et si cette dernière supposait que la cause du seigneur pût trouver dans le juge de la baronnie un défenseur partial, elle choisissait, pour présider, un homme de loi d'une localité voisine, ayant sa confiance, et alors le procès-verbal de la délibération renfermait cette franche et naïve mention, ou toute autre semblable : « *Président, M.*....., BACHELIER EN DROIT, *ou* AVOCAT AU PAR- » LEMENT, *résidant à*....., *à cause que les points de la pré- » sente délibération intéressent le seigneur du lieu, ce qui » rend son juge suspect.* »

La convocation se faisait *au son de la cloche*, et l'assem- blée se tenait *devant le porche de l'église, lieu ordinaire des séances de la justice de Benque.* — Les questions à traiter étaient-elles graves et pouvaient-elles donner lieu à contestation, le notaire royal du lieu de Benque, ou tout autre notaire des environs, rédigeait le procès-verbal sous forme d'acte public, certifié par le témoignage de deux ou plusieurs habitants de villages voisins, convoqués spé- cialement à cet effet.

Ces délibérations étaient très variées, aucun intérêt lo- cal ne leur était étranger. Toutes les questions étaient étudiées, discutées, résolues avec une liberté qui étonnerait beaucoup ceux qui vont puiser leurs impressions histori- ques sur l'état de la France avant 1789 ; dans les écrivains et les journalistes qui répètent à satiété, sans y avoir re- gardé de près, qu'il n'y avait qu'asservissement et oppres- sion dans l'ancienne France, et que la liberté ne date vrai- ment que de trois quarts de siècle. Il suffit d'avoir secoué la poussière des anciennes archives d'une seule localité pour s'assurer du contraire et pour se convaincre que l'organisation politique et sociale antérieure à 89 donnait à la commune une force et une indépendance qu'elle pour- rait regretter de nos jours. Le progrès moderne qui se dé- veloppe en dehors du principe chrétien tend à la concen- tration de la force politique, contrairement à la société chrétienne, qui tendait à la force locale. Ce développement de la liberté datait de loin dans le Midi. Il y a laissé des traces profondes et des témoignages nombreux de son ac- tion bienfaisante. Les *coutumes* sont l'expression la plus frappante de ce mouvement prodigieux, dans lequel, à part l'Italie, la Gascogne devança le reste de l'Europe. Tandis que les provinces du Nord portaient encore les chaînes pesantes que leur avaient imposées les barbares, les peuples du Midi cherchaient le fondement de leur liberté dans ces *coutumes* écrites, qui, par leur nom de franchises, de *priviléges*, ou, comme on le disait en Béarn, de *saubetats* (sauvegardes) indiquaient si bien leur but. Elles renfermaient les dispositions relatives aux droits politiques et civils, aux propriétés, à l'état des familles, au gouvernement intérieur de la communauté des habitants, aux prérogatives du seigneur; c'était un code complet. Dès le onzième siècle, avant Louis le Gros, Centulle, vicomte de Béarn, accordait des franchises à la ville d'Oloron; Gaston, à la ville de Morlaas; Bernard III, au comté de Bigorre; etc. Ce mouvement tout chrétien, comme on peut en juger en lisant les préambules et les motifs de ces différentes chartes, et dû en grande partie à l'initiative des seigneurs, se développa rapidement sous l'influence des croisades, pendant tout le douzième siècle; mais c'est surtout au treizième siècle qu'il devint si général, que saint Louis crut devoir prescrire la rédaction des *coutumes*. — Un mandement du saint roi à ses baillis leur ordonnait de faire une enquête sur les diverses *coutumes* de leurs ressorts et d'envoyer le tout au Parlement. C'est de cette enquête que sortirent, en 1270, les fameux *Etablissements* de saint Louis ([1]). Plus tard, Charles VII, par son ordonnance du mois d'avril 1453 pour la réformation de la justice, réformation que les désastres et les malheurs du temps avaient rendue nécessaire, prescrivit la rédaction des *coutumes*, afin de réprimer les abus et d'abréger les formalités judiciaires auxquels donnait lieu la pro-

---

([1]) Les *Etablissements* de saint Louis forment un code de 210 articles, de la longueur à peu près de notre Code de commerce. Il est écrit en français. (Discours de rentrée prononcé par M. Fabre, avocat général à la Cour de cassation, le 3 novembre 1861.)

duction des preuves quand les *coutumes* n'étaient pas écrites ([1]).

Les *coutumes* de Benque furent données ou plutôt renouvelées en 1470.

Pendant près de deux siècles, la France avait été livrée à tous les fléaux que le ciel réserve pour châtier les nations. Peste, guerres, famine, invasions ennemies, pillages, aucun malheur ne lui avait été épargné. Le Midi avait eu sa large part de ces calamités publiques. Après une cruelle famine, la peste, partie du Levant, exerça de tels ravages en 1347 et 1348, que dans certaines provinces elle ne laissa que la dixième partie des habitants, et même la dixième partie, suivant la chronique de Saint-Denis. Après quelques années de répit, elle visita de nouveau, en 1361, le Midi, où elle reparut à divers intervalles jusqu'à la fin du quinzième siècle. En 1480, elle sévissait à Toulouse et dans les environs. La dépopulation fut telle, dans la Guienne et dans le Languedoc, qu'en dix ans seulement, de 1450 à 1460, le nombre des habitants avait diminué de plus du tiers ([2]). Benque n'échappa point aux malheurs communs. Le préambule des *coutumes* de 1470 prouve qu'il souffrit considérablement. On peut juger de l'étendue des désastres en comparant avec sa situation florissante d'autrefois celle dans laquelle il était tombé déjà en 1470. A cette époque, les habitations, qui jadis y étaient nombreuses et bien construites et la population agglomérée, avaient été tellement ruinées, qu'il ne restait plus que quelques habitants formant une communauté livrée à la désorganisation par la perte de ses anciens titres, qui tous avaient été brûlés ou perdus. Une ancienne tradition populaire, encore vivante dans la contrée, exprime d'une façon assez

([1]) *Recueil général des anciennes Lois françaises*, par Isambert, tome IX, de 1457 à 1461.

([2]) Dom Vaissette, tome V, page 21, et *Histoire de la Gascogne*, tome IV, page 320.

originale l'état prospère des domaines du seigneur de Benque au moyen-âge. « *Un chat aurait pu*, est-il dit, *se* » *rendre de Benque à Cassagnabère* (les seigneurs de » Benque possédaient aussi Cassagnabère à cette époque) » *en marchant toujours sur les toits.* »

Les principaux notables, sentant le besoin de réparer les maux passés, demandèrent à leur seigneur, noble honoré Jean de Benque de « *nouvelles coutumes, franchises* » *et libertés, tout ainsi que les manants et habitants des* » *lieux circonvoisins en possèdent et en observent au pré-* » *sent pays.* » Honoré-Jean de Benque trouva ladite supplique conforme à la justice et au droit, et, pensant « *qu'il* » *ne faut jamais repousser ceux qui demandent des choses* » *justes, mais bien plutôt les satisfaire,* » il accéda aux désirs de la communauté, représentée par Jean Sols, Dominique Bonnet, Bertrand de Laburgade, Raimond Lequé, Vital de Laburgade, Domenge de Maumus, Domenge de Sarraute, Domenge de Castel, Pey Delom, Sans de Alian. L'acte fut passé le 7 février 1470, dans le logis et habitation appelé de Vic, juridiction de Benque, Louis étant roi de France (Louis XI), Geoffroy étant évêque de Rieux, par Me Guillaume Anoty, notaire de Benque, en présence de nobles Sicart de Mirepech, Gaillard de Mirepech, Bernard de Bernet, et de Pierre Guarez, du lieu de Benque, et Jean Dupuy, du lieu de Saintignan, témoins à ce requis.

L'original de cet acte, écrit en latin comme tous les actes publics de ce temps, a été perdu. A quelle époque? Je l'ignore; mais il existait encore en 1588, date de la traduction qui en fut faite en français, à la réquisition des consuls de Benque, par Me Pierre Saint-Plancart, docteur et avocat au Parlement, et grossoyé par Jean Dauzat, notaire royal d'Aurignac. Une expédition authentique de cette traduction, collationnée sur le *Cahier des Coutumes* de Benque, fut faite, le 5 juin 1739, par Me Claverie, notaire à Terrebasse. C'est cette dernière expédition que je pos-

sèdé et que je publie à la fin de cette notice : j'en puis
garantir l'exactitude, l'ayant comparée à deux autres
expéditions différentes et aussi au texte latin des *coutumes* du lieu d'Eoux, rédigées en 1480, et en tout abso-
lument conformes, sauf quelques détails locaux, à celles
de Benque.

M. Castillon d'Aspet a mis les *coutumes* de Benque
au nombre des pièces justificatives placées à la fin du
deuxième volume de son *Histoire des Populations pyrénéennes.* Il suffira de rapprocher son texte de celui que je
donne, pour reconnaître les nombreuses erreurs qu'a com-
mises le copiste qu'il a dû charger de cette reproduction.

Un rapide examen de ces *coutumes* permettra de juger
du progrès qu'elles constatent au point de vue de la liberté
et de l'adoucissement des mœurs. Sous le régime féodal,
qui se résumait dans la personne du seigneur, les habitants
des villes et des communes étaient privés de la plupart
des droits naturels à l'homme. Ils ne pouvaient pas, sans
l'autorisation du seigneur, vendre ni aliéner leurs biens,
marier leurs enfants, les faire admettre aux ordres sacrés.
La levée des tailles et des impôts, l'administration de la
justice donnaient lieu à des abus d'autant plus faciles,
qu'elles n'étaient pas réglementées. Les *coutumes* apportè-
rent un grand adoucissement à cet état de choses. Honoré-
Jean de Benque voulut qu'aucun impôt, taille, albergue (¹),
quête ou prêt (²), n'eût lieu contre le gré des habitants. Il
autorisa ces derniers à vendre, aliéner, engager et donner
leurs biens meubles et immeubles, à marier librement leurs
filles et à promouvoir leurs fils aux ordres sacrés. La caution prévint l'emprisonnement, sauf pour le cas de meurtre.
Les testaments acquirent, par la présence de deux témoins,

(¹) *Albergue :* obligation de défrayer et de loger le seigneur avec un certain
nombre de gens de sa suite.
(²) Souvent les seigneurs exigeaient par la force que leurs censitaires leur four-
nissent de l'argent à titre de prêt.

la même valeur authentique que s'ils avaient été faits dans les formes légales, pourvu que les enfants ne fussent pas lésés. L'épreuve du duel et du combat fut interdite; le plaignant fut tenu de prouver le crime par témoins ou par toute autre preuve légale (¹). Après ces dispositions réglant le droit civil, viennent celles qui concernent le gouvernement intérieur de la communauté et particulièrement les consuls. Leur nomination avait lieu tous les ans à la Toussaint. Les consuls sortant d'exercice choisissaient quatre hommes de la localité ayant leur confiance, et dont ils écrivaient les noms dans une lettre qu'ils remettaient cachetée au bailli. Celui-ci la portait à l'assemblée de la communauté, qui désignait deux des plus capables parmi les quatre candidats. Plus tard, cette désignation se fit par le seigneur lui-même. Les consuls connaissaient de toutes les causes, tant civiles que criminelles, *ils imposaient les tailles, avec le conseil du peuple,* pour les dépenses locales.

Viennent ensuite les dispositions pénales : un homme qui en frappait un autre du poing, du pied ou d'un soufflet, était condamné, s'il n'y avait pas effusion de sang, à cinq sols tournois, et à vingt sols tournois, s'il s'était servi d'un couteau, d'un bâton, d'une pierre ou d'une tuile. — S'il y avait eu effusion de sang, il était condamné à soixante sols tournois, pour la justice, et à faire amende honorable au blessé. — Le meurtre était puni de la peine de mort et de la confiscation des biens du meurtrier au profit du seigneur, toutefois après paiement des dettes. La rupture de la bannière du seigneur donnait lieu à une

---

(¹) Il y avait, au Moyen-Age, plusieurs épreuves : celle du duel; celle de la croix, interdite par Louis le Débonnaire; celle de l'eau froide; celle de l'eau chaude; du fer chaud; du serment; et, enfin, l'épreuve de l'eucharistie, réservée aux évêques et aux prêtres.

La plupart de ces épreuves avaient été condamnées et réprouvées par les canons de l'Église. (Voir, pour plus de détails, *l'Histoire de la Gascogne*, par M. J. Montlezun, tome II, page 401, note 4.

amende de trente sols tournois. — Les adultères étaient condamnés à payer cent sols tournois ou à courir la ville tout nus. Cette dernière disposition était généralement observée dans le Languedoc et la Gascogne ([1]). La seule menace du couteau ou de la dague était punie d'une amende de dix sols tournois. Les voleurs étaient obligés de courir la ville avec l'objet volé attaché à leur cou, si cet objet n'avait pas une valeur de plus de deux sols. Les larcins plus importants étaient punis de la marque et même de la pendaison, selon la gravité.

Plusieurs articles fixent la procédure qu'on devait suivre dans les cas de litige.

Enfin, les droits du seigneur et quelques libertés spéciales font l'objet des dernières dispositions : liberté pour chaque habitant de bâtir un four ou de faire cuire son pain dans le four qui lui conviendra; liberté de faire confectionner et réparer les outils aratoires dans quelque forge que ce soit, au gré de chacun; liberté de la chasse pour tous les animaux sans rétribution, excepté pour l'*ours*, dont la tête était réservée au seigneur ([2]). En somme, les *coutumes* de Benque étaient à peu près semblables à celles que Jean de Trie, sénéchal de Toulouse, avait données, le 28 janvier 1323, à la ville de Trie, qu'il avait fondée dans la judicature de Rivière, et qui ont servi de type au plus grand nombre de celles qui furent données depuis, dans nos contrées ([3]).

([1]) *Histoire du Languedoc*, tome VIII, page 85.

([2]) L'ours a complètement disparu de ce pays.

([3]) Voici les dates des *coutumes* de quelques localités voisines de Benque :

Saint-Gaudens — 1203 — données par Bernard, comte de Comminges, confirmées et accrues en 1398, par Archambaud, captal de Buch; en 1814, par Catherine de Navarre, et, dans la suite, par ses successeurs.

Peyrissas — 1300 — (entre les mains de M. le baron Marc de Lassus).

Saint-Marcet — 18 janvier 1352 — accordées par Pierre-Raymond II, comte de Comminges, seigneur de Serrières.

Montréjeau — accordées par Arnaud, d'Espagne, fondateur de cette ville, en

Tous les auteurs qui ont écrit sur le Comminges ont
mentionné le château que les comtes de ce pays ont possédé à Benque et en ont indiqué l'origine. Une charte de
l'ancienne abbaye de Lézat, de l'an 1075, qui fait con-
naître la fondation du monastère de Peyrissas, rapporte
qu'avant cette date de 1075, Bernard-Odon, comte de
Comminges, voulant venger la mort de son père, tué par
le comte d'Astarac, avait bâti près dudit monastère un
château appelé *Benque*, pour lui servir de moyen d'attaque et de défense. « *Bernardus Oddo filius ejus, insequens*
» *jura patris sui mortem que ejus cupiens vindicare prope*
» *dictum ejus monasterium castrum nomine Benca loca-*
» *vit, salvo jure Patriciani cenobii* ([1]). »

Les comtes de Comminges conservèrent quelque temps
ce château, où les attirait souvent le voisinage de l'abbaye
de Peyrissas. Il dut passer ensuite entre les mains de la
maison de Benque. Larcher dit qu'il fut donné à un cadet
de la maison de Comminges, qui prit le nom du château.
— Cette opinion ne me paraît pas fondée, comme j'espère
le démontrer plus bas. — Quoi qu'il en soit, ce château,
détruit sans doute par les guerres qui désolèrent nos contrées au moyen-âge, disparut sans laisser de vestiges, à

1272, et rédigées en 228 articles en 1435. (Voir *Oraison funèbre de M. de
Lussus*, page 71.)

Larcan — 1117 — (mêmes *coutumes* que celles de Saint-Marcel), — accordées
par Mathieu de Foix, dernier comte de Comminges. Après la mort de Mathieu de
Foix et la réunion, en 1454, du comté de Comminges à la couronne, de nouvelles
coutumes furent données à Larcan, le 25 mars 1459. Larcan appartenait alors,
en indivis et par moitié, au Roi et à nobles Vital et Bertrand d'Espalisses, seigneurs d'Esclignac.

Eoux — 5 juin 1180 — accordées par Pierre de Logorsan, seigneur du lieu.

Alan — 1272 — accordées par l'évêque de Comminges et Philippe III, roi de
France.

Montmaurin — 1317 — accordées par Raymond de Bertrand.

Blajan — 1317 — données par l'abbé de Nizors et le comte de Comminges.

Boulogne-sur-Gesse — même année — données également par l'abbé de Nizors
et le comte de Comminges.

([1]) *Hist. du Languedoc*, tome III, page 560, *preuve* 220.

une époque qu'il ne m'a pas été possible de constater ; car, en dehors de la charte qui rappelle sa fondation, je ne connais aucun titre, ni aucun auteur qui en fasse mention. Il est probable que déjà, en 1459, il n'existait plus ; car Jean de Benque n'en parle pas dans l'hommage qu'il rendit au roi à cette époque pour ses terres. J'ai dit plus haut, au sujet du renouvellement des *coutumes* de Benque, en 1470, que l'acte en fut passé dans l'*habitation de Vic ;* si le château de Benque eût été debout, c'est là certainement que l'acte aurait été fait. L'emplacement qu'avait occupé ce château était même assez difficile à déterminer en l'absence de toutes ruines... Le territoire de Benque, situé en grande partie sur une des chaînes de coteaux qui précèdent les Pyrénées, se développant de l'ouest à l'est, le long de la petite rivière de la *Nère*, occupe la crête, ainsi que les versants nord et sud des coteaux et aussi une portion de la vallée où coule la rivière, laquelle le sépare de Peyrissas. Quelques dénominations locales, entre autres celle de *Tourrette*, donnée à un très faible monticule isolé, situé dans la vallée assez près de la rivière, et que dépriment chaque jour l'action du temps et les travaux de l'agriculture pouvait donner lieu de croire que l'ancien château comtal avait occupé cette place ou les environs, d'autant plus que le soc d'une charrue y avait mis à découvert, il y a quelques années, des fragments de fer à cheval, d'éperons, et un vase de grès renfermant un assez grand nombre de pièces morlanes (¹).

(¹) La monnaie *morlane* tire son nom de la ville de Morlaas, en Béarn, où elle était fabriquée. Elle est très ancienne, et, avant le milieu du quinzième siècle, elle était généralement en usage dans toute l'ancienne Novempopulanie. Toutes les pièces morlanes portent au droit une croix grecque pattée, entourée d'un cercle perlé et couronnée de deux besants isolés au dessus de la traverse horizontale. Un second cercle perlé circonscrit la légende : *Centullo come;* au revers, la lettre M domine, dans le milieu, la lettre P, suivie d'une petite croix grecque pattée, et une zone comprise entre deux cercles perlés porte la légende : *Onor Forcas*, précédée d'une autre petite croix grecque pattée. Ces deux derniers mots

J'hésitais à adopter cette opinion, que la situation topographique me rendait suspecte; d'ailleurs, l'habitation seigneuriale portant encore aujourd'hui le nom de *château* était située sur la hauteur, également vis-à-vis de Peyrissas, mais plus à l'est. Cette habitation n'occupait-elle pas plutôt l'emplacement du château bâti par Bernard-Odon? Les indications fournies par les anciens livres terriers de la commune ont dissipé tous mes doutes et m'ont donné la certitude que ce dernier château était situé dans la vallée, au bas du versant nord des coteaux, alors très boisés, au point où se trouve aujourd'hui la *Tourette*, et qui est, comme le dit la charte de 1075, très rapproché de Peyrissas, *prope monasterium*.

En effet, la situation de ce point y est désignée par les mots *au castel* (au château), et certaines pièces de terre sont indiquées comme placées *derrière le castel* ou *devant le castel*. On trouve dans les environs et jusqu'à une certaine distance, en remontant le coteau, le nom de *carrère du castel* (rue du château), *hount du castel* (fontaine du château), *capère du castel* (chapelle du château); et plus bas, *prats du castel* (prés du château, etc., etc.). Ces désignations transmises par les différentes générations qui se sont succédé jusqu'à nous, rapprochées des termes de la charte de 1075, et fortifiées par les découvertes faites à la *Tourrette*, fixent évidemment l'emplacement de l'ancien château comtal dans cette partie du territoire de Benque, les mêmes désignations ne se trouvant pas ailleurs. Quant à la maison seigneuriale désignée encore aujourd'hui sous le nom de *château de Benque*, elle ne date pas de très loin. Depuis très longtemps, les seigneurs de Benque n'habitaient plus cette terre : ils faisaient, ainsi que l'indiquent les différents titres en ma possession, leurs résidences dans

indiquent le privilège seigneurial de la *Fourque*, nom de l'ancienne demeure des comtes d Béarn, à Morlaas. (*Histoire de Gascogne*, tome II, page 480.)

d'autres seigneuries leur appartenant, à Montagut de Bourjac, à Saint-André, à Fustignac, à Buissan, etc. Aussi le siége de la seigneurie était-il, depuis la destruction de l'ancien château, fort modeste à Benque. D'après un acte de 1650, ce siége était à cette époque *la borde dite de Madame.* C'est cette *borde* (métairie), flanquée plus tard de deux tours en briques et bois, qu'on décora du nom de château, qu'elle ne portait pas auparavant et qu'elle a conservé depuis ([1]).—Il n'est donc pas possible, malgré l'avantage du site et celui du nom, de confondre cette demeure avec l'ancien château comtal. Du reste, l'ancien château de Benque n'était pas le seul, dans nos contrées, qui fût bâti dans ces conditions topographiques. Le château d'*Ausson*, à deux kilomètres de Montréjeau, ancienne résidence des barons d'Espagne-Montespan, construit au quatorzième siècle, avait été placé en plaine au bord de la Garonne. Le château de *Bizous*, dans la vallée de la Neste, construit par les comtes d'Armagnac, et aujourd'hui entièrement détruit, avait la même position sur les bords de la Neste. Le château de *Labarthe de Nestes*, un des plus anciens vestiges du moyen-âge, puisqu'il date des premières années du onzième siècle, bâti par les rois d'Aragon, lors de l'expulsion définitive des Sarrazins, en 1003, est sur le même plan que le village. Le château de *Valcabrère*, qui remonte au même temps, est complètement en plaine ([1]).

A ces preuves, déjà si convaincantes, on peut en ajouter d'autres. Ordinairement, au moyen-âge, les habitations venaient se grouper autour du château, où elles trouvaient secours et protection contre les atteintes de toute sorte auxquelles elles étaient exposées. Les anciens titres placent *la ville de Benque* dans le voisinage de la Tourrette :

([1]) Le château de Benque actuel est la propriété de M. Auguste de Mont-d'Eoux.

([1]) Je dois les renseignements relatifs à la situation de ces différents châteaux à l'obligeance de M. le baron Marc de Lassus.

« *Au quartier de la fount du castel où soulait estre la* » *ville;* » et ce témoignage est corroboré par la présence, dans ce même quartier, de l'ancienne forge et de l'église.

Encore aujourd'hui, le versant nord des coteaux au bas desquels était le château est le seul portant les habitations assez éparses de la commune.

Le versant sud n'a que les métairies de Mirepech, du Vergé, de Bieussas, de Vic et de Maucabanne, représentant les anciens fiefs de ce nom.

La forge a disparu depuis longtemps, mais le nom reste à la place qu'elle a occupée; l'ancienne église vient d'être abandonnée pour un plus bel édifice bâti récemment sur la crête du coteau, d'où il domine toute la contrée de son élégant clocher ([1]). Elle n'avait, du reste, aucun mérite architectural; mais, à la place qu'elle occupait, elle formait comme le dernier anneau de la chaîne qui reliait le passé au présent.

Toutefois, grâce à une disposition testamentaire de mon père ([2]), à laquelle l'administration municipale a eu le bon esprit de s'associer, ce souvenir ne sera pas complètement effacé. Une rente annuelle a permis de sauver de la destruction une partie du vieux temple. La chapelle de la Sainte Vierge sera conservée et transformée en oratoire où, de temps en temps, la prière viendra consoler les âmes de ceux qui nous ont précédés, et dont les corps reposent à l'ombre de ces vénérables murs ([3]).

L'église de Benque était et est encore sous l'invocation

([1]) Église en style gothique simple du quatorzième siècle, construite par M. Reynaud, architecte à Toulouse.

([2]) Louis-Auguste-Joseph de Mont de Benque, mort à Aurignac, le 4 mars 1834, à l'âge de soixante-sept ans.

([3]) Je dois rendre ici un témoignage de reconnaissance à M. Saint-Blancat, maire de la commune de Benque, qui a bien voulu me prêter, dans mes recherches sur la position de l'ancien château, un concours aussi intelligent que dévoué.

de saint Jean-Baptiste, qui est le patron du village. On y célèbre, tous les ans, avec pompe la fête de la Décollation du glorieux Précurseur, fixée au 30 août. Dans notre France chrétienne, qui doit tant au catholicisme, la fête du village, ou *fête locale,* se confond avec la fête religieuse de la paroisse.

Benque, profondément attaché à la foi de ses pères, est resté sur ce point fidèle aux anciennes traditions. Toutefois, il est à regretter que les révolutions et le temps aient fait disparaître de cette fête un des plus pieux souvenirs. Avant 1789, elle était embellie par les actes de dévotion de la *Confrérie de la Décollation de saint Jean-Baptiste,* érigée fort anciennement dans la paroisse.

Cette Confrérie, dont le but était la sanctification de ses membres par l'imitation des vertus de son saint patron, était régie par des statuts en dix-huit articles qui avaient été rédigés en 1402.

Le 21 juin 1627, le digne prélat Mᵍʳ Donadieu de Griet (¹), évêque de Saint-Bertrand de Comminges, les approuva solennellement. Ils furent égarés pendant près d'un siècle, et la Confrérie tomba en désuétude. Retrouvés providentiellement, la Confrérie fut rétablie le 28 avril 1719, sous l'épiscopat de Mᵍʳ du Bouchet (²), par un bref de Sa Sainteté Clément XI. La tourmente de 93 la fit disparaître de nouveau. L'esprit dans lequel les statuts étaient rédigés était très propre à produire le bien. Les

(¹) Barthélemy de Donadieu de Griet, soixantième évêque de Comminges, né à Montesquieu-Volvestre le 24 août 1592, mort à Alan le 12 novembre 1637, laissant une grande réputation de sainteté. Le nom patronymique de ce vertueux prélat était *de Griet.* — On trouve dans les *Archives de la Haute-Garonne,* B. 366, un arrêt du Parlement de Toulouse du mois d'août 1617, qui ordonnait l'enregistrement des lettres-patentes du 22 février 1617, autorisant *Barthélemy de Griet* (père du prélat) et ses enfants à prendre le nom de *Ducogoing de Donadieu.*

(²) Gabriel-Olivier de Lublère du Bouchet, soixante-cinquième évêque de Comminges, né à Saint-Pourçain, en Auvergne, mort à Alan le 9 septembre 1740. (*Vie et Miracles de saint Bertrand,* par M. d'Agos, pages 166 et 174.)

articles 15 et 16 invitaient à l'apaisement des rivalités, des haines et des discordes; l'article 17 engageait les confrères à faire plus spécialement profession de vertus, *à instruire les ignorants des rudiments de la foi; à ouïr assidûment la parole divine; à bien régler et policer leurs maisons et familles; à faire la prière en commun soir et matin.*

Ces citations suffisent pour justifier le vœu que je me permets de former ici que cette Confrérie puisse être rétablie de nouveau.

La nouvelle église a été consacrée le jeudi 5 avril 1866, avec tout le cérémonial d'usage, par Mgr Desprez, archevêque de Toulouse (¹), qui, à cette occasion, lui a fait don d'une très précieuse relique de saint Jean-Baptiste. Benque gardera longtemps le souvenir de cette fête religieuse, qui fut pour ses habitants l'occasion de touchants témoignages de leur amour et de leur vénération pour le digne successeur des Saturnin, des Exupère, des Germier, des Louis d'Anjou.

L'église paroissiale n'était pas le seul sanctuaire situé sur le territoire de Benque. Il existait dans le quartier dit *du Menjon,* sur le versant nord du coteau, au dessus de l'ancien château, une chapelle connue avant 1789 sous le nom de *chapelle de Notre-Dame* (²), bâtie à très peu de distance de celle qu'on avait désignée, à une époque plus

---

(¹) Mgr Desprez (Julien-Florian-Félix), né à Ostricourt, diocèse de Cambrai, le 14 avril 1807, sacré évêque de Saint-Denys (île de la Réunion) le 5 janvier 1851, transféré à Limoges le 19 mars 1857, et à l'archevêché de Toulouse par décret du 30 juillet 1859, préconisé le 26 septembre suivant. — Toulouse fut érigé en évêché dans le troisième siècle, et en archevêché en 1317. Le diocèse est formé par le département de la Haute-Garonne.

Le curé actuel de Benque est M. Alexis Laffont.

(²) Le Livre terrier de Benque de 1780 renferme les mentions suivantes : « Chapitre des lieux sacrés : ..... La *chapelle de Notre-Dame*, au quartier de la *Capéré du Castet*, tient et possède terres labourables à la *Bourdasse*, à *Menay*, au *Pàrsan de la Bombe*, à la *Rivière de Dessus.* » Ces énonciations peuvent donner une idée de l'importance de cette chapelle avant 1789.

reculée, sous le nom de *chapelle du Château*, et qui avait été détruite depuis longtemps. Cette chapelle de Notre-Dame était un lieu de pélerinage où les paroisses voisines allaient en procession à certaines époques de l'année. Sur l'autre versant, dans le voisinage de Vic, se trouvait fort anciennement aussi la chapelle de *Saint-Pé* ou de Saint-Pierre, dont il ne reste plus de vestiges. La présence de cette chapelle et l'origine toute romaine du mot *Vic* (*vicus*, bourg) autorisent l'opinion qu'un village a dû occuper cette portion de territoire, même du temps de la domination romaine.

Il n'est pas sans intérêt d'ajouter que les religieux de la Merci, d'Aurignac, possédaient des terres à Bernadon, et que la chapelle de Notre-Dame de Saint-Bernard, d'Alan, avait aussi la propriété de quelques champs à *Galias*, au quartier des *Parrees* ([1]).

L'ordre de Malte possédait à Benque la terre de *Bioussas*, dépendant de la commanderie de Montsaunès ([2]). Un dénombrement de 1669, de Judith de Chenel, seigneuresse de Benque, et de son fils, Jean-Denis de Barrau, seigneur, baron dudit lieu, la désigne ainsi :

« Disent encore lesdits seigneur et dame dénombrants » qu'il y a dans ladite terre et baronnie de Benque une » commanderie ([3]) appelée *de Bieusas*, des dépendances » de laquelle il y a le labourage de cinq paires de bœufs » et un moulin. Le tout possédé noblement par le sieur com-» mandeur. »

Les limites de cette terre étaient fixées par de grandes

([1]) Extrait du Livre terrier de Benque de 1780. — La chapelle de Notre-Dame de Saint-Bernard, d'Alan, a été détruite pendant la Révolution et n'a pas été rétablie.

([2]) Montsaunès, aujourd'hui commune de 650 habitants, dans le canton de Salies, arrondissement de Saint-Gaudens. Son église, qui est remarquable, a été, dit-on, bâtie par les Templiers.

([3]) La commanderie était à Montsaunès. Bioussas en dépendait. (*Archives de la Haute-Garonne.*)

bornes de pierre carrées de un mètre de haut, dont quel-
ques-unes existent encore. Dans une liasse des *amélioris-*
sements de Montsaunès, comprenant des actes du seizième
siècle à 1745, et déposée aux archives de la Haute-Garonne,
la terre de *Bioussas* ou *Vieussas* est mentionnée plusieurs
fois comme dépendant de la paroisse de Montoulieu (¹). Le
même état de choses existe encore aujourd'hui. Bioussas
dépend de la commune de Benque pour le temporel, et de
la paroisse de Montoulieu pour le spirituel. Tout fait présumer qu'avant d'appartenir aux chevaliers de Malte,
cette terre avait été la propriété des Templiers, à qui elle
avait dû être donnée par la maison de Benque, qui avait
fourni plusieurs de ses membres à cet ordre célèbre.

Le terroir de Benque avait, en 1780 (²), une contenance
de huit cent soixante-treize arpents, dix mesures, un bois-
seau, y compris les biens nobles, les chemins et les ruis-
seaux. Elle est aujourd'hui de onze cent vingt-neuf hec-
tares quatre-vingt-onze ares vingt centiares, comprenant
une population de quatre cent cinquante habitants, répartie en quatre-vingt-cinq feux. En 1780, l'allièvrement
ou impôt, sans y comprendre les biens nobles, était de
401 livres 11 sols 10 deniers et demi. Il était établi, selon
la valeur de la terre, dont il y avait six degrés tarifés :
le premier, à 1 livre 4 sols l'arpent, et le dernier, à
1 sol l'arpent. La commune de Benque paie actuellement
7,497 fr. 50 c. d'impôt.

Pour faire apprécier les avantages du système métrique
et de son application dans les détails de la vie, il suffira
de donner un aperçu des différentes mesures en usage
seulement à Benque avant 1789.

On y employait, pour les mesures agraires, l'*arpent de*

(¹) Montoulieu, village au sud de Benque, bâti sur une élévation dont le point
culminant porte encore les ruines d'un ancien château féodal.

(²) Extrait du Livre terrier de Benque de 1780.

Salies, valant cent treize ares quatre-vingts centiares, et qui était adopté à Aulon, Mengué, Bouzin, Cassagnabère, Ramefort, Cazeneuve, Esparron, Latoue, Gariscan, Montaut, Peyrouzet, Séglan, Saint-Élix, Terrebasse et Tournas ; tandis que les autres communes voisines suivaient l'arpent d'Alan, qui avait d'ailleurs à peu près la même contenance. Cette division devait remonter au moyen-âge à une époque où les seigneurs de Benque possédaient Aulon, Ramefort, Cassagnabère, Esparron, etc.

Pour les grains, on se servait de la mesure de Saint-Gaudens, valant, le *sac*, 9 décalitres.

Pour le vin, on suivait la mesure d'Aurignac : l'*uchau* valant 488 millilitres, quatre uchaux formaient un pot.

Pour le bois, on employait la *canne* du pays, valant 3,983 millimètres cubes.

La mesure de poids était la livre du Languedoc, valant 407 grammes ([1]).

Le sol de Benque est fertile et produit abondamment du blé, du maïs : la vigne réussit bien sur les coteaux et donne de bon vin. La vallée produit d'abondants fourrages qui facilitent l'élève des bestiaux à cornes dont la population a toujours fait un assez grand commerce.

Dans la partie sud du territoire qui avoisine Bachas, le long de *la Louge* ([2]), on trouva, il y a quelques années, des ossements fossiles appartenant à de grands quadrupèdes qui pouvaient avoir été voisins du Tapir, selon Cuvier. M. du Mège, dans le tome Ier de sa *Statistique générale des départements pyrénéens*, page 370, mentionne plusieurs découvertes de cette nature faites dans ces contrées.

([1]) *Tables de comparaison entre les mesures anciennes et les nouvelles,* publiées par ordre du préfet de la Haute-Garonne (Toulouse, an X), pages 82, 262, 320 et 344.

([2]) Cette rivière se jette dans la Garonne à Muret. A son nom se rattache le souvenir de la bataille de Muret, livrée en 1213 entre les Albigeois et les catholiques commandés par Simon de Montfort, et dans laquelle fut tué Pierre, roi d'Aragon. C'est dans son lit que se passa le plus fort de l'action.

Au point de vue politique, Benque a éprouvé le contre-coup de tous les événements qui ont affecté le comté de Comminges, dont il faisait partie.

A la dernière réunion des trois États, convoqués à Muret, en 1789, pour l'élection des députés aux États-Généraux, d'où sortit la Révolution qui renversa l'ancienne société et qui est le point de départ de la société moderne, la communauté de Benque envoya, comme députés du Tiers-État, MM. Bonnefont et Savès, cultivateurs.

La baronnie de Benque fut possédée par la famille de ce nom jusqu'à la fin du seizième siècle. A cette époque, N... de Roquette, seigneur de Puygaillard, en fit l'acquisition sous faculté de rachat. De ses mains, elle passa d'abord dans celles d'un seigneur de Cardailhac, et puis dans la maison de Barrau de Parron, originaire du Condomois, qui en était en possession le 4 juillet 1612. Un acte de donation fait par une demoiselle de cette maison donne même tout lieu de penser que les Barrau possédaient la seigneurie de Benque en 1595. Quoi qu'il en soit, l'ancienne famille de Benque dut renoncer au titre de *baron de Benque*. Un jugement du Parlement de Toulouse, en date de 1649, fit défense à Jean-Antoine de Benque, seigneur de Casties, de prendre désormais ce titre qui appartenait aux nouveaux possesseurs de la terre (¹).

Le 3 septembre 1638, Jean-Paul de Barrau vendit la baronnie de Benque à Pierre-Paul de Martres, seigneur de Hautmont, pour 27,000 livres. Judith de Chenel, veuve de Jean-Paul de Barrau, ayant à exercer sur la succession de son mari des reprises pour plus de 29,000 livres, un arrêt du Parlement de Toulouse, en date du 16 décembre 1649, lui adjugea la terre de Benque et en déposséda Pierre-Paul de Martres. Le 21 avril 1714, Charles de Barrau, petit-fils de Judith de Chenel, vendit la baronnie

(¹) Titres en ma possession.

de Benque à madame Marie-Françoise de Pellissier, veuve de Joseph-François de Sauveterre, ancien capitoul, dont le fils, Antoine Bruno de Sauveterre, s'en défit moyennant 25,000 livres en faveur de M. Guillaume de Guibert de Renery, seigneur de Lanauze, ancien capitaine au régiment de Bourgogne (infanterie). C'est de ce dernier que M. Jean-François de Mont, seigneur d'Eoux (¹), en fit l'acquisition le 3 mai 1750, pour le prix de 35,000 livres. La Révolution de 89 trouva son fils, Joseph-Bernard-Élisabeth de Mont, mon grand-père, en possession de la terre et baronnie de Benque (²).

Cette notice serait incomplète si je passais sous silence

(¹) Eoux. La terre d'Eoux appartenait, à la fin du quinzième siècle, à noble Pierre de Logorsan, seigneur de Bellegarde, de Gensac et autres lieux. C'est lui qui, le 5 juin 1480, donna à la communauté d'Eoux des *coutumes* identiquement semblables à celles que possédait la communauté de Benque, sauf quelques détails locaux. Il était encore seigneur d'Eoux en 1494. En 1573, on retrouve cette terre dans les mains de messire Jean d'Orbessan, seigneur et baron de La Bastide-Paumiès, chevalier de l'ordre du roi, dont la fille, Paule d'Orbessan, avait épousé messire Jean-Antoine de Bruyères, baron de Chalabre, capitaine de cinquante hommes d'armes des ordonnances du roi. En 1603, messire Louis de Cayres d'Entragues, baron d'Auterive, gentilhomme ordinaire de la chambre du roi et mari d'Antoinette d'Hautpoul, entra en possession de la terre d'Eoux, en paiement d'une somme de 21,000 livres que lui devait Jean d'Orbessan. Le 10 mars 1617, le baron d'Auterive la céda, moyennant une somme de 20,500 livres, à messire Adrien de Montluc, prince de Chabanais, comte de Carmaing, gouverneur du pays de Foix, petit-fils du célèbre Montluc et époux de Jeanne de Foix, fille unique d'Odet de Foix et de Jeanne d'Orbessan, dont il hérita. Le poète gascon Goudelin lui avait dédié ses poésies en langue patoise : sa dédicace commence par ces mots : *A magnific, grand et de tout brabe Seignou Adrien de Mounluc*, etc. — La même année 1617, Antoine de Gives, seigneur de La Pigerie, d'une ancienne famille de l'Orléanais, que son mariage avec demoiselle Catherine de Saman de Maure avait fixé dans le Comminges, acheta la terre d'Eoux au prince de Chabanais. Elle resta dans la famille de Gives jusqu'à ce que, par la mort des petits-fils d'Antoine, elle passa en la possession d'Antoine de Mont, sieur du Blanin, époux de Marguerite de Gives, leur sœur (1686). Depuis cette époque, elle est restée dans la famille de Mont.

(²) Famille de Mont, originaire du comté d'Armagnac, fixée dans le Comminges par le mariage de noble Antoine de Mont, seigneur du Blanin, avec demoiselle Marguerite de Gives d'Eoux. (Voir la généalogie de cette famille dans la *Revue d'Aquitaine*, nᵒˢ de février, mars et avril 1865.

l'ancienne famille de Benque, qui, par la longue possession de la terre de ce nom autant que par l'importance
du rôle qu'elle a longtemps joué dans le comté de Comminges, doit trouver place dans ce travail.

Plusieurs auteurs, parmi lesquels on peut citer Larcher
et Castillon d'Aspet, font descendre la maison de Benque
des anciens comtes de Comminges. Chez M. Castillon,
cette opinion est la conséquence d'un système (¹). D'après
lui, toutes les grandes maisons du comté seraient descen-
dues de la maison comtale. Mais s'il donne quelques
preuves pour la maison d'Espagne et la maison de Spel,
ou d'Aspet, il se borne à des suppositions et à des proba-
bilités pour les autres, et en particulier pour la maison de
Benque.

Larcher est plus explicite. Voici ce qu'il dit dans son
dictionnaire historique manuscrit, déposé dans les archives
du département des Hautes-Pyrénées à Tarbes (²) : « Le
» château de Benque fut, dit-on, bâti avant 1075 par le
» comte de Comminges pour venger la mort de son père,
» que le comte d'Astarac avait tué, et qu'il fut ensuite
» donné à un cadet de la maison de Comminges, qui con-
» serva les anciennes armoiries de la famille, qu'on assure
» avoir été *de gueules à la croix d'or*, et prit le surnom
» du château de Benque. Cela ne cadre point, quant aux
» armoiries de Comminges, avec ce qu'en rapporte Join-
» ville. »

Le côté incertain de cette opinion n'échappera à personne. Larcher ne donne pas plus de preuves que Castillon. Et ce qu'il dit de la donation du château de Benque
à un cadet de Comminges qui en aurait pris le nom, et
des anciennes armoiries des Comminges, ne repose sur

des *Histoires de Kiennes*, par MM. Barran et Vander-
avec des notes ne sont indiqués les changements et addi-

(¹) *Histoire des Populations pyrénéennes*, tome Iᵉʳ, pages 217 et 263.
(²) Je dois la communication de ces documents à l'obligeance de M. Magenties,
archiviste des Hautes-Pyrénées.

aucun document authentique. Larcher, quant aux armoiries, invoque Joinville. Ce témoignage, s'il était vrai,
serait à coup sûr des plus respectables. Mais il est hors de
doute que Joinville n'a nullement fait mention des armes
des Comminges. Il y a bien, dans l'édition de 1545 de la
Vie de saint Louis, par Joinville, publiée par Antoine-
Pierre de Rieux, avec un *avis au lecteur* de Guillaume de
Laperrière *(Tholosain)*, trois passages dans lesquels il est
question d'un vicomté de Couserans, de la maison d'Espagne, qui aurait raconté à Joinville l'origine de sa famille
et de ses armoiries, lesquelles auraient été *d'or à un bord
de gueules;* mais cette édition n'est rien moins qu'exacte.
Certains passages, dont quelques-uns publiés par Estienne
Paquier, ont été reconnus faux et n'ont plus été repro-
duits. Il faut mettre de ce nombre ceux qui sont relatifs au
vicomte de Couserans et à ses armoiries. En effet, ils ne
figurent pas dans les différentes éditions qui ont été faites
de la *Vie de saint Louis*, par Joinville, à plusieurs époques et sur des documents divers par différents auteurs.
Bien plus, de Rieux ne s'est pas borné à des intercalations.
Dans la narration des faits rapportés à la page 68 de son
édition, il a tout simplement substitué le vicomte de
Couserans à Érart De Siverey, ou Xiverey. Ces variantes
erronées ont été relevées dans presque toutes les éditions
subséquentes, que je me permets d'indiquer ici au lecteur,
savoir : l'édition publiée en 1617 par Claude Ménard, qui
flétrit avec sévérité les inexactitudes de De Rieux; celle de
Ducange, publiée en 1668; celle de Capperonnier, publiée
en 1761, avec une préface où sont également signalées
les erreurs volontaires de l'éditeur gascon (¹); celle qui a
été publiée, en 1840, dans le vingtième volume du *Recueil
des Historiens de France*, par MM. Daunou et Naudet,
avec des notes où sont indiqués les changements et addi-

(¹) Page vi de la Préface.

tions dont Pierre de Rieux s'est rendu coupable, *notamment ceux relatifs au vicomte de Couserans* (¹). Je pourrais encore ajouter l'édition de M. Francisque Michel (1859) et celle de M. Natalis de Wailly (1865) (²), qui sont également muettes sur les passages en question. On ne peut s'expliquer les interpolations de De Rieux et de Laperrière que par le désir qu'ils ont dû avoir d'être agréables à une puissante maison de leur province. Du reste, De Rieux avoue lui-même, dans sa Dédicace au roi François Ier, qu'il n'a pas respecté la narration de l'auteur et « *qu'il a dressé* » *cette histoire en meilleur ordre qu'elle n'était auparavant.* »

L'opinion émise par Castillon et Larcher, que la maison de Benque descend de celle de Comminges, ne se trouve, du reste, dans aucun des auteurs de premier ordre qui ont écrit sur le Comminges ou sur ses principales familles; ni les savants auteurs de l'*Histoire du Languedoc*, ni le judicieux Père Anselme, ni Ohyenart, ni tant d'autres, ne mentionnent cette origine de la maison de Benque, sans doute parce que les preuves leur ont manqué, car ils ne gardent pas le silence sur l'origine des familles détachées de la maison comtale, lorsque cette source est clairement indiquée dans les chartes du temps.

Ainsi, il n'y a aucune preuve à l'appui de l'opinion que la maison de Benque descend de celle de Comminges. Encore quelques mots, et il sera facile d'établir qu'elle n'en descend pas.

Dans le Cartulaire de 1075 de l'abbaye de Lézat, qui rapporte la fondation du château de Benque par Bernard-Odon, il est dit que Roger, le dernier de ses fils, qu'il avait consacré à Dieu dans l'abbaye de Peyrissas, en était de-

---

(¹) Page 225, note 5, et p. 233, note 7.

(²) Je ne saurais trop recommander l'édition avec texte rapproché du français moderne, qu'a récemment publiée M. Natalis de Wailly chez Hachette (1865).

venu abbé après la mort de son père. Craignant que le ressentiment de ses frères contre les ennemis du feu comte n'irritât ces derniers et ne causât la ruine du monastère, Roger le mit sous la protection *de très noble et très puissant homme Guilhaume Enard de Benque.* « Post mortem patris, Rogerius abbas inde factus, videns fratres suos contra inimicorum potentiam ferocissimos timuit ut illorum causâ monasterium in ruinam scilicet ex eorum hostibus laboretur. Capto consilio quæsivit serenissimum ac potentissimum virum de Benca nomine Guilhelmi Enardi; cujus opere et auxilio res suas et jura suæ ecclesiæ in pace posset tenere. Igitur villicum suum constituit tali pacto ut esset fidelissimus amicus et monachorum et clericorum totius quæ juris domûs, etc. (¹). »

Suivent ensuite les conditions du pacte fait entre Roger et Guilhaume Enard de Benque, dont les frères de Roger, les comtes Raymond-Bernard, Bernard III, Guilhaume et Fortanier, furent les témoins.

Donc, avant 1075, date de la charte qui rapporte la fondation du château de Benque, la maison de Benque existait, représentée par Guilhaume Enard, et les épithètes de *serenissimum ac potentissimum* données à ce seigneur font supposer qu'elle avait déjà quelque ancienneté à cette époque.

Pour que la version de Larcher fût exacte, il faudrait que Guilhaume Enard fût un cadet de la maison de Comminges et que le château de Benque lui eût été donné dans l'intervalle qui séparait la fondation de l'époque où Roger plaçait son monastère sous sa sauvegarde. Or, cette interprétation est inadmissible : non seulement la charte de 1075 ne dit pas un mot qui puisse faire supposer ce double fait, mais elle le détruit. Roger ne confie la garde

---

(¹) *Hist. du Languedoc*, tome III, page 566, preuve 20. — Voir aussi Doat, Reg. 100, f° 208.

de son monastère au seigneur de Benque que dans la crainte que les ressentiments qui animaient sa famille contre les ennemis de son père ne causassent sa ruine. Évidemment, il n'aurait pas choisi Guilhaume Enard, si ce seigneur avait été de la famille de Comminges. Il n'eut recours à lui que parce que, étranger à cette famille, il était aussi étranger à ses démêlés et qu'il pouvait alors défendre le monastère avec plus de sûreté et d'efficacité. S'il y avait eu parenté, elle aurait été, à coup sûr, mentionnée dans un traité dont les témoins étaient les quatre frères de Roger, qui, après la mort de leur père, exercèrent la puissance souveraine sur tout le comté.

Le doute existerait-il encore, qu'il disparaîtrait devant les énonciations d'une autre charte de l'an 1100 environ, qui nous fait savoir qu'un *Compan de Benque* fit acte de *guerpissement* en faveur de l'abbaye de Peyrissas, gouvernée alors par Vedian, abbé, dans les mains de *Bernard, comte de Benque*. « Ego Compan de Benca facio guarpitionem (¹) de Eicio de Carreira et suas sorores Germanas et filios et filias doño Deo et S. M. de Patricianis et abbate Vediani et omnibus monachis et clericis qui ibi sunt et in antea erunt super libro missale in manu *Bernardi comitis de Benca;* et a Bernardo nepote meo similiter faciam facere istam guarpitionem cum talis erit qui armas portare poterit (²). »

Bernard, comte de Benque, n'est autre que le comte Bernard III de Comminges, fils de Bernard Odon (³), et que nous avons vu servir de témoin au traité passé avant l'an 1075 entre Roger, abbé de Peyrissas, et Guilhaume Enard de Benque.

En 1100, il possédait le château bâti par son père et

(¹) *Guerpitio* — abdication, abandon d'une chose possédée. (Ducange).

(²) *Hist. du Languedoc,* t. III, p. 615, preuve 286.

(³) *Hist. du Languedoc.*

prenait le titre de *comte de Benque*([1]); *Compan de Benque*
était son contemporain, et le même document qui les
mentionne tous deux est, de même que la charte de 1075,
conçu dans des termes qui éloignent toute idée de parenté
entre la maison de Benque et la maison de Comminges.

Voilà donc deux seigneurs de la maison de Benque,
vivant à une époque où les comtes de Comminges possédaient le château de Benque, et n'ayant pu, par conséquent, prendre leur nom de ce château. L'opinion de
Larcher manque donc de fondement, et le rapprochement
des circonstances que je viens de relater détruit la suppo-
sition que la maison de Benque est issue de celle de Comminges.

Encore moins peut-on dire qu'elle descendait de la maison d'Espagne, comme le rapporte, d'après un bref nobiliaire de Saint-Bertrand, dont l'authenticité est manifes-
tement suspecte, l'auteur de *Foix et Comminges*, M. Ernest
Roschach, dont le livre, fort intéressant d'ailleurs, paraît
avoir été fait avec un peu de précipitation. L'auteur de la
maison d'Espagne est *Arnaud de Comminges, vicomte de
Couserans*, surnommé *d'Espagne*, fils de Roger IV de
Comminges et de Grise, dame d'Espagne et de Montespan,
né dans la première moitié du treizième siècle, et qui
épousa, en 1255, Philippe de Foix, dont il eut, entre autres
enfants, *Arnaud de Comminges*, son troisième fils; celui-ci
prit le nom d'*Espagne*, qui passa à la postérité. C'est de
ce dernier que sortirent les seigneurs de Montespan([2]). Or,
nous venons de voir que la maison de Benque était déjà
puissante dès le onzième siècle. Elle ne peut donc pas

([1]) Dans les cartulaires d'abbayes de ces contrées, on retrouve quelquefois les
noms de *Condessa de Benca*, *Marchesa de Benqua*. Ces mots : *Condessa*, *Marchesa* n'étaient point des titres, mais des prénoms, fort en usage dans le Midi
parmi les femmes de qualité.

([2]) P. Anselme, *Généalogie de la Maison de Comminges.* — *Hist. du Languedoc*, par dom Vaissette.

descendre de la maison d'Espagne, qui lui est postérieure
de près de deux cents ans ([1]).

L'opinion que je viens de combattre aurait-elle pris sa
source dans la puissance dont la maison de Benque a
donné de nombreuses preuves au moyen-âge et dans les
actes qu'elle a faits conjointement avec la maison de
Comminges, avec laquelle elle avait des rapports fréquents
et d'une nature généralement amicale? Mais ces considé-
rations ne suffisent pas pour établir cette opinion, car
d'autres maisons ont été dans les mêmes conditions de
puissance et d'amitié avec la maison comtale, sans que
pour cela on ait songé à les y rattacher. N'est-il pas plus
probable que la maison de Benque a dû en grande partie
son importance et son éclat au patronage qu'elle accorda
au monastère de Peyrissas, et, par suite, à la fameuse
abbaye de Lézat, dont il dépendait? A ce point de vue, il
n'est pas sans intérêt de dire ici quelques mots de ces deux
monastères.

Le premier fut fondé à la fin du neuvième siècle par
Asnarius, vicomte de Souvigny et de Soule. Ce seigneur,
n'ayant pas d'enfant, voulut avoir Dieu pour héritier :
« *Asnarius carens propriâ sobole et cupiens Deum hære-*
dem habere. » Il fut à Rome pour demander conseil au
pape, et à son retour il bâtit, en l'honneur de Dieu et de
Marie toujours vierge, un monastère auquel il donna le
nom de *Patricianum* (Peyrissas). Il choisit ce nom, qui
vient de *père (pater, patris)*, non point à cause qu'il
n'avait pas d'enfants, ainsi que le dit, par erreur, M. Castillon ([2]), d'après le chanoine Lastrade([3]), qui paraît n'avoir

---

[1] M. Castillon rapporte une légende d'après laquelle le château de Montespan
ne daterait que du quinzième siècle. Il suffit de répéter avec M. E. Roschach que
cette légende n'est pas admissible. Les noms d'Espagne et de Montespan avaient
déjà acquis de la célébrité longtemps avant l'époque où cette fondation légendaire
aurait eu lieu. (*Hist. des Popul. pyrén.*, t. II, p. 318.)

[2] *Hist. des Popul. pyrén.*, t. Ier, p. 173.

[3] *Hist. de Saint-Bertrand*, page 165.

pas été aux sources étymologiques de ce nom, mais afin que ce monastère ne relevât que du *Père céleste : « Idcircò nomen patriciani ei imposuit ut nulli personæ pareret atque serviret nisi cœlesti Patris* ([1]) »; le monastère de Peyrissas fut soumis à l'abbaye de Lézat, fondée elle-même vers 845 par Antoine, vicomte de Béziers, fils de Wandrille, comte des Marches de Gascogne ([2]), sous la règle de celle de Cluny. Asnarius, après avoir assuré la fondation de Peyrissas, se retira dans l'abbaye de Lézat, dont il devint abbé. M. Castillon se trompe encore quand il dit qu'Asnarius fut moine et puis abbé au monastère de Peyrissas.

Les comtes de Comminges furent, dès l'origine, appelés à protéger le nouveau monastère. Bernard Odon, le fondateur du château de Benque, l'aima tout particulièrement. Après lui avoir donné son fils Roger, qui en devint abbé, il le choisit pour le lieu de sa sépulture. Il y fut, en effet, enterré à la fin du onzième siècle. J'ai dit comment les seigneurs de Benque devinrent les protecteurs et les défenseurs de l'abbaye de Peyrissas, qui touchait aux confins de leur seigneurie. Les actes qui constatent cette protection sont nombreux; on en trouve le souvenir dans l'importante Collection Doat et dans les auteurs qui ont écrit sur le Comminges, principalement dans l'*Histoire du Languedoc*, de dom Vaïssette.

En 1760, l'abbaye de Peyrissas avait disparu déjà depuis longtemps. L'église n'était plus qu'un simple prieuré.

Quant aux rapports qui existèrent entre les anciens seigneurs de Benque et l'abbaye de Lézat, on en trouve aussi de fréquents témoignages. Je n'en citerai qu'un seul : il date de 1139.

([1]) Cartulaire de Lézat; *Hist. du Languedoc*, t. III, p. 566, preuve 220.
([2]) *Hist. du Languedoc*, t. II, p. 252.

L'abbaye de Lézat était exposée alors au pillage des grands et des étrangers, que tentaient ses vastes domaines. Guilhaume, abbé, impuissant à protéger ses religieux, convoqua, en 1139, les princes et les nobles du pays, protecteurs de son monastère. C'étaient Roger III, comte de Foix; Bernard (IIme du nom selon les uns, et IVme du nom selon les autres), comte de Comminges; Raymond-Guilhaume, seigneur de Benque; Raymond-Othon, seigneur d'Hauterive; Bernard, seigneur de Beaumont; Arnaud-Bernard, seigneur de Marquefave, et Bernard, seigneur de Montaut. Il leur exposa les dangers que courait son abbaye, et les pria de la défendre. Ces seigneurs entourèrent l'abbaye de murailles et y bâtirent un château.

Ce fut l'origine de la ville actuelle de Lézat. Le comte de Foix renonça à tous ses droits sur cette abbaye, les autres seigneurs en firent autant et se promirent de ne pas se faire la guerre dans les limites de ses domaines et de ses dépendances. Parmi ces dernières, était le prieuré de Saint-Béat, qui alors possédait encore les reliques de ce saint, qu'il a perdues depuis ([1]).

Je terminerai cette notice par la liste des membres de la famille de Benque dont j'ai pu constater l'existence avec les principaux faits relatifs à chacun d'eux. Ce ne sera point une généalogie, tant s'en faut; mais ce que je vais rapporter suffira pour faire apprécier l'importance du rôle de cette famille, qui a laissé dans le comté de Comminges d'honorables souvenirs de son illustration. Je commencerai d'abord par l'indication des membres isolés dont je n'ai pu établir la filiation, et je continuerai par des parties de généalogie que j'ai dressées sur des documents certains.

---

[1] *Histoire du Languedoc*, tome IV, p. 105; *Preuves*, même tome, p. 429. — Voir aussi *Collection Doat*, reg. 99, fº 382.

FAMILLE DE BENQUE

ARMES : *De gueules à la croix d'or.*

Année 1075. *Guillaume-Enard de Benque,* protecteur du monastère de Peyrissas, dont il prend le gouvernement à *acapte* ([1]), moyennant certaines conditions ([2]).

1100. *Compan de Benque* fait acte de guerpissement en faveur de l'abbaye de Peyrissas ([3]).

1136. *Raymond-Guilhaume de Benque* fait, conjointement avec le comte de Comminges, aux religieux de l'abbaye de Bonnefont, une donation qu'il confirma par son testament de l'an 1172 ([4]). En 1139, il assiste à la convocation des protecteurs de l'abbaye de Lezat, qui prirent la défense de cette abbaye contre ses ennemis ([5]). Il fit donation à Fortanier de Tersac, prieur de Sainte-Marie de Peyrissas, de la vicairerie de cette église ([6]).

1153. *Bernard de Benque,* témoin dans l'acte confirmatif de la fondation de Saint-Laurent par Arnaud Roger, évêque de Comminges. Il est probable qu'il était neveu de Compan de Benque, qui, dans l'acte de *guerpissement* de 1100 dont il vient d'être parlé, mentionne un de ses neveux du nom de Bernard, alors trop jeune pour porter les armes. *Et a Bernardo nepote mea similiter faciam facere istam guarpitionem cum talis erit qui armas portare poterit* ([7]).

1175. *Bonnefemme de Benque,* fille de Raymond-Guilhaume, épouse Roger de Montaut, chevalier

---

[1] *Acapte,* droit féodal exigé par le nouveau seigneur lors du changement du maître du fief.

[2] *Hist. du Languedoc,* t. III, p. 566, et Collection Doat, reg. 100, fᵒ 208.

[3] *Hist. du Languedoc,* t. III, p. 613.

[4] Documents en ma possession.

[5] Collection Doat, reg. 99, fᵒ 382.

[6] *Idem,* reg. 100, fᵒ 180.

[7] *Hist. du Languedoc,* t. III, p. 613. — *Hist. des Populations pyrénéennes,* t. Iᵉʳ, p. 428.

célèbre par sa bravoure dans la guerre des Albigeois. Ces deux époux confirmèrent la donation faite par Raymond-Guilhaume à Fortanier de Tersac, prieur de Sainte Marie de Peyrissas, de la vicairerie de cette église, en présence de *Galin de Benque*, de Vital de Case et de Raymond d'Astarac ([1]).

1232. *Bernard-Odon de Benque* donne à l'abbaye de Lezat des terres à Fustignac, moyennant 5 sols que l'abbé de Lezat doit lui payer. Dans l'énumération des objets cédés sont compris les *hommes* et les *femmes* (*homines, feminas, terras cultas et incultas. etc.*). *Blanche de Benque*, épouse de Arnaud-Raymond de Spel ou d'Aspet, et *Bernard de Benque*, son fils, consentent à cette donation dont *Raymond-Guilhaume de Benque* est témoin, et *Raymond de Benque* caution ([2]).

1238. *Raymond de Benque* autorise Gentille de Gensac, sa femme, fille de feu Aymar de Gensac et de Sybille d'Hauterive, à abandonner à Raymond VII, comte de Toulouse, tous les domaines qu'elle tenait de la succession de ses proches à Gonac, Bezenac, Montesquieu, et le château de *Rieux* de Volvestre ([3]), lesquels étaient tombés en commise, pour n'en avoir pas reçu l'investiture dans l'an et le jour après la mise en possession ([4]).

1244. *Bernard de Benque* figure au nombre des conseillers du comte de Comminges, dans l'acte d'hommage que fit ce dernier au comte de Toulouse([5]).

1270. *Marie de Benque*, abbesse de l'abbaye de l'Oraison-Dieu ([6]).

([1]) *Hist. du Languedoc*, t. V, p. 71, et Collection Doat, t. C, f° 180.

([2]) Collection Doat, reg. 100, f° 333.

([3]) Cette dernière ville devint plus tard évêché.

([4]) *Hist. du Languedoc*, t. VI, p. 15.

([5]) *Hist. des Populations pyréneennes*, t. Ier, p. 455.

([6]) *Notice sur l'abbaye de l'Oraison-Dieu*, par M. V. Fons, juge au Tribunal de Toulouse.

1271. *Raymond dé Benque* signa le *Saisimentum comitatûs Tolosœ* [1].

Gailhard de Benque, chevalier, seigneur de Benque, Montagut de Bourjac, Aulon, Ramefort et Cassagnabère, testa le 8 décembre 1286 par devant Mᵉ Arnaud Cottis, notaire de Cassagnabère.

Ses enfants étaient :

Raymond de Benque, chevalier, qu'il institue son héritier universel.

Arnaud-Bernard de Benque, chevalier, à qui il laisse le château de Montagut de Bourjac et des terres à Benque et à Escanecrabe.

Raymond-Guilhaume de Benque, chevalier, à qui il laisse la rente annuelle de 50 sols morlaas, assignée sur les revenus de Cassagnabère.

Frère Raymond-Bernard de Benque, chevalier,
Arnaud-Guilhaume de Benque, chevalier,
Arnaud-Raymond de Benque, chevalier, auxquels il laissa la rente annuelle de 50 sols morlaas assignée sur les revenus de Cassagnabère.

Gailhard de Benque, même rente sur les revenus de Lussan.

Guilhaume d'Aure,
Bernard de Marestang, auxquels il donne 50 sols tolzas pour leur légitime.

Brune Martine, sa fille, à qui il donne une rente de 25 sols tolzas sur les revenus de Lussan et de Benque.

Philippine, sa fille, à qui il lègue 2,000 sols.

Au nombre des témoins de ce testament sont :

Raymond-Arnaud de Benque, damoiseau.
Guillaume de Benque, damoiseau [2].

13... *Guilhem de Benque*, chevalier du Temple, figure dans les coutumes données par les Templiers à la ville de Montsaunès, qui était le siége d'une commanderie [3].

---

[1] *Nobiliaire toulousain*, p. 80.
[2] *Manuscrit de Larcher*. Je dois la communication de ce document à l'obligeance de M. Magentles, archiviste des Hautes-Pyrénées.
[3] *Histoire des Populations pyrénéennes*, t. Iᵉʳ, p. 404.

1307. *Raymond-Guilhem de Benque* (peut-être le même que le précédent), templier, commandeur de Boudrac, est mentionné dans la triste et célèbre procédure qui amena la condamnation et la suppression de son ordre en 1313. D'après M. du Mège, le diocèse de Comminges était représenté par sept chevaliers dans cette procédure ([1]).

1337. *Bernard de Benque* figure dans une montre avec son cheval, estimé 40 livres ([2]).

1351. *Raymond-Guilhém de Benque*, seigneur d'Esparron. Le 15 septembre 1351, Pierre-Raymond II, comte de Comminges, lui fit donation de la justice d'Escanecrabe, par acte public devant Me Jean Anglade, notaire d'Alan ([3]).

1361. *Gailhard de Benque*, capitoul de Toulouse en 1361 ([4]).

1372. *Odet de Benque* servit sous le comte d'Armagnac Jean II, dans la guerre que ce dernier soutint contre Gaston-Phœbus, comte de Foix ([5]).

13... *Esclarmonde de Benque* épousa Odet III de Pardailhan, seigneur de Gondrin, et fut mère de Odet IV de Pardailhan, qui se signala dans la même guerre ([6]).

1377. *Gailhard de Benque* (peut-être le même qui fut capitoul en 1361), figure comme fondé de pouvoirs de Jeanne, comtesse de Comminges, et de Marguerite, sa fille, avec plusieurs autres seigneurs, dans le traité de paix conclu entre Jean II d'Armagnac et Gaston-Phœbus, par l'entremise du duc d'Anjou, lieutenant pour le Roi en Languedoc. Il est désigné par les mots : *Nobilis et prudens vir G. de Benqua licentiatus in legibus* ([7]).

([1]) *Hist. du Languedoc*, t. VII. — *Notes de M. du Mège*, p. 7. — *Revue d'Aquitaine*, mai 1863.

([2]) Doat, reg. 164, fo 148.

([3]) La copie de ce titre est en ma possession.

([4]) *Nobiliaire toulousain*, p. 80.

([5]) *Histoire de la Gascogne*, par l'abbé Montlezun, t. III, p. 560.

([6]) Père Anselme, t. V, p. 176 A.

([7]) *Hist. des populations pyrénéennes*, t. Ier, p. 311.

14... *Jeanne de Benque*, épouse de Jean de Saint-Lary, IIe du nom, de la famille des ducs de Bellegarde (¹).

1413. *Bertrand de Benque* fit, le 2 février 1413, aux habitants dudit lieu, un affièvement des bois de l'Embargade, qui fut l'origine de longs démêlés entre ses successeurs et la communauté (²).

1422. *Arnaud-Bernard de Benque* donne, le 3 septembre 1422, quittance de 200 livres d'or que lui devait noble Gaillard de La Roche, seigneur de Fontenilles (³).

1457. *Pierre de Benque* est mentionné dans la maintenue de noblesse de Jean de Benque, seigneur de Laslouères et de Fustignac en 1698 (⁴).

1459. *Jean de Benque* rendit hommage au Roi pour ses terres le 5 janvier 1459 (⁵).

1470. *Honoré-Jean de Benque*, seigneur de Benque, de Montagut, d'Escanecrabe et autres places, donna, le 7 février 1470, à la communauté de Benque, les coutumes dont nous avons parlé plus haut (⁶).

1489. *Arnaud-Bernard de Benque*, écuyer, rend hommage au Roi pour les terres et seigneuries de Benque, Gélat, Samouilhan, Montagut de Bourjac, Escanecrabe, Le Castera, Esparron, et pour quelques menus cens à Cassagnabère, Mondilhan, Saint-André et Puymaurin (⁷).

1492. *Bertrand de Benque*. Jeanne de Villemur, sa mère, rendit hommage pour lui au Roi comme légitime administratrice de ses biens le 19 janvier 1492 (⁸).

1512. *Marguerite de Benque*, mentionnée dans le testament de Bertrand de Benque en date du 15

(¹) Père Anselme, t. IV, p. 301 A.
(²) Documents entre mes mains.
(³) Collection Villevieille.
(⁴) *Nobiliaire de Montauban et d'Auch*, p. 1203. Bibl. imp., *Manuscrits*.
(⁵,⁶,⁷,⁸) Documents entre mes mains.

juillet 1514(¹), ainsi que *Jean de Benque et Quito de Benque*, son fils, seigneurs de Pujols, au diocèse d'Auch.

Isabeau de Benque, épouse de Raymond-Garcie d'Arcizas, écuyer, seigneur de la Broquère, qui lui laissa l'administration de ses biens, par son testament militaire du 22 novembre 1512, fait à Gadsalat, près Pampelune, où il avait été blessé au service du roi de Navarre (²).

1522. *Anne de Benque*, abbesse de Fabas ou de la *Lumière-Dieu*, abbaye fondée au douzième siècle, et qui ne recevait que des filles nobles (³). Elle résigna ses fonctions en 1539.

1548. *Espérance de Benque* épouse, le 24 novembre 1548, François de Pardailhan, capitaine de cent hommes d'armes (⁴).

1550. *Anne de Benque*, épouse de Pierre de Goiran, mentionnée dans les *Preuves* pour l'ordre de Malte faites en 1644 par Roger de Mun (⁵).

1573. *Jeanne de Benque*, abbesse de l'abbaye de Fabas, que le Roi lui accorda par brevet du 4 octobre 1573 ou 1574. Elle vivait encore en 1597 (⁶).

1576. *N... de Benque* eut une des deux compagnies dont Henri III augmenta son régiment des gardes (⁷).

1583. *Julienne de Benque* épousa, le 18 mars 1583, Jean-Denis de Barrau (⁸).

1613. *Isabeau de Benque* épousa, le 1ᵉʳ octobre 1613, Jean d'Aure, seigneur de Moncla, fils de Bertrand d'Aure et de Catherine de Saint-Pastou. — Veuve le 14 mars 1618, sans enfants, elle

(¹) Testament en ma possession.
(²) *Généalogie d'Arcizas* (La Chesnaye des Bois).
(³) Je dois ces renseignements à l'obligeance de M. V. Fons, qui a présenté à la Société d'Archéologie de Toulouse un mémoire sur l'abbaye de Fabas.
(⁴) Père Anselme, *Grands Officiers de la Couronne*, t. V, p. 191 E.
(⁵) *Catalogue des Chevaliers de Malte*, t. Iᵉʳ, Bibl. de l'Arsenal.
(⁶) Renseignements fournis par M. V. Fons.
(⁷) Bibl. imp., *Manuscrits*.
(⁸) *Nobiliaire de Montauban et d'Auch*, art. Barrau.

épousa en secondes noces Jacques de Navailles, baron de Banos ([1]).

1615. *Catherine de Benque*, abbesse de l'abbaye de l'Oraison-Dieu ([2]).

1622. *Philippe de Benque*, seigneur de Villeneuve, reconnu créancier de François de La Valette, cardinal-archevêque de Toulouse par arrêt du Parlement de cette ville du mois de février 1622 ([3]).

1623. *Anne de Benque* épouse, le 18 avril 1623, Louis de La Barthe, seigneur de Giscaro ([4]).

16... *Jean de Benque*, seigneur de Labatut, épouse Marie du Haget de Vernon ; sa fille unique,

1655. *Isabeau de Benque*, épousa, le 11 avril 1655, Nicolas d'Encausse, colonel au régiment d'Épernon, auquel elle apporta la terre et seigneurie de Labatut ([5]).

1659. *Léon-Paul de Benque*, chevalier de Malte ([6]).

1698. *Gabriel de Benque*, seigneur de Picayne, fit enregistrer ses armes dans l'*Armorial général de la généralité de Montauban* ([7]).

FILIATIONS SUIVIES :

I. *N..... de Benque*, seigneur dudit lieu, a pour frère *Bertrand de Benque*, archiprêtre de La Trappe, au diocèse de Rieux, mentionné dans le testament de son neveu Bertrand de Benque, qui suit :

II. *Bertrand de Benque*, seigneur et baron de Benque, seigneur de Samouilhan, de Montagut de Bourjac, de Sainte-Rame, d'Esparron, du Castera en Comminges ;

([1]) *Généalogie d'Aure.*

([2]) *Notice sur l'Abbaye de l'Oraison-Dieu*, par M. V. Fons, juge au Tribunal de Toulouse.

([3]) *Inventaire des Archives de la Haute-Garonne*, B. 413.

([4]) Père Anselme, *Grands Officiers de la Couronne*, t. VII, p. 214 D.

([5]) *Généalogie d'Encausse de Labatut* (D'Aurlac et Acquier).

([6]) *Hist. de l'Ordre de Malte*, par l'abbé de Vertot, t. VII, p. 10.

([7]) *Armorial général de la généralité de Montauban*, art. de Benque. Bibl. Imp., *Manuscrits.*

de Vieusan, de Chellan, de Mongardin en Astarac; de Villemur en Magnoac, et autres places, fils de N... de Benque qui précède, épousa le 23 avril 1497 (¹) Marguerite de Loumagne (de Leomania). Partant pour la guerre, il fit, le 15 juillet 1512, par devant Me......, notaire à Toulouse, son testament, par lequel il institua pour son héritier Odet de Benque, son fils aîné, qui suit (²) :

Bertrand de Benque avait un frère nommé *Bernard*, et deux sœurs : *Isabelle de Benque*, qui épousa N... de Mauléon, et *Braloïde de Benque*, qui épousa N... de Tersac, mentionnés dans le même testament.

III. *Odet de Benque*, seigneur et baron de Benque, seigneur de Samouillan, de Montagut de Bourjac, de Sainte-Rame, d'Esparron, du Castera en Comminges, de Chellan, de Vieusan, de Mongardin en Astarac, de Villemur en Magnoac, et autres places, épousa, le 11 septembre 1519, Marguerite de Montaut (³). Le 19 octobre 1540, il rendit hommage au Roi pour toutes ses terres, qu'il tenait, dit-il, « *en bon, humble et obéissant vassal et serviteur, sous la charge d'un homme d'armes, pour servir le Roi au ban et arrière-ban, quand plaira au susdit seigneur me mander* (⁴). » Le 25 juin 1569, il protesta contre l'atteinte portée à son droit de siéger aux États de Comminges immédiatement après l'Église et avant tous autres gentilshommes (⁵).

Son frère, *Jean de Benque*, mentionné dans le testament de leur père, fut archiprêtre de La Trappe, recteur de Maussac et chanoine de Lombez. Il testa le 18 septembre 1564, en faveur de Jean de Benque, baron dudit lieu, son neveu (⁶).

Ils avaient pour sœur *Catherine de Benque* (⁷).

IV. Les enfants d'Odet de Benque furent :

(¹) *Catalogue des Chevaliers de Malte*, déposé à l'arsenal, art. *Alexandre de Benque*, t. Iᵉʳ.

(²) Titre en ma possession.

(³) *Nobiliaire de Montauban*, fᵒ 1207. (D'après le baron d'Aubay, t. III, Odet de Benque aurait épousé Marguerite de Montaut le 7 février 1519.)

(⁴,⁵,⁶,⁷) Titres en ma possession.

Jean de Benque, baron dudit lieu, héritier de son oncle, chanoine de Lombez ([1]), donna, le 26 janvier 1569, comme lieutenant de la compagnie de M. de Massez, quittance de 22 livres 10 sols ([2]).

Adrien de Benque, mentionné, comme fondé de pouvoirs de son père, dans la protestation de ce dernier, en date du 25 juin 1569, relative au rang qu'il devait occuper aux États de Comminges ([3]). Ces deux derniers n'ont pas laissé de traces.

Françoise de Benque, qui épousa, le 16 janvier 1541, Roger de Noé, chevalier de l'ordre du Roi ([4]).

Mative ou *Martine de Benque,* qui épousa Gabriel de Noé, seigneur de Montoussin ([5]).

Paul de Benque, seigneur et baron de Benque, seigneur de Beaulieu et de Montgras, épousa, le 29 octobre 1570, Louise d'Orbessan de Touges. Il testa le 12 avril 1588 ([6]). Il est à présumer que c'est lui que Montluc mentionne avec éloge dans ses *Commentaires* sous le nom de *Benque.* Il avait été enseigne de trente hommes d'armes des ordonnances du Roi, commandés par M. de Fontenilles ([7]).

V. Paul de Benque eut pour enfants :

Jean-Pierre de Benque, seigneur et baron de Casties et de Labraude, qualifié de *messire* dans son testament du 28 septembre 1623, qui avait épousé Gabrielle de Mont ou de Mun ([8]). Il était écuyer de la grande écurie du Roi et capitaine au régiment de Picardie ([9]).

François de Benque, seigneur de Labrande, mestre de camp d'un régiment d'infanterie au siége de Montauban, par commission du 25 octobre 1621 ([10]); c'est par erreur que ce grade est attribué, dans le *Nobiliaire de Montauban,* f° 1207, à Paul de Benque, père de François.

[1,3] Titres en ma possession.

[2,7] Bibl. imp., *Manuscrits, Quittances.*

[4,10] Pièces fugitives du baron d'Aubay, t. III.

[5] *Catalogue des Chevaliers de Malte,* Bibl. de l'Arsenal, t. Ier.

[6,8] *Nobiliaire de Montauban,* f° 1207.

[9] *Inventaire des Archives de la Haute-Garonne,* B. 311, registre.

Alexandre de Benque, chevalier de Malte en 1597 (¹).

VI.   Jean-Pierre de Benque eut pour fils :

Jean-Antoine de Benque, seigneur et baron de Casties, seigneur de Bacquiers, qui épousa Jeanne de Barrau. Un jugement du Parlement de Toulouse, en date de 1649, lui défendit de prendre le titre de baron de Benque, qui appartenait aux nouveaux possesseurs de la terre de ce nom (²). Il testa le 7 octobre 1674 (³).

François de Benque eut pour fils :

Alexandre de Benque, seigneur de Picayne ou Pesquaine, qui fut maintenu dans sa noblesse par jugement de M. de Bezons, en date du 30 septembre 1669 (⁴).

VII.   Jean-Antoine de Benque eut pour fils :

Jean-Pierre de Benque, seigneur et baron de Casties, seigneur de Labrande, qui fut maintenu dans sa noblesse le 14 octobre 1698, par M. Lepelletier de La Houssaye (⁵).

EXTRAIT DU NOBILIAIRE DE MONTAUBAN ET D'AUCH

folio 1203 (⁶).

I.   *Bertrand de Benque* épousa, en 1538, *Alianor de Benque*.

Il eut pour enfants :

II.   *Jeanne de Benque*, qui épousa, le 23 avril 1571, Jean de Loumagne.

Bernard de Benque, seigneur de Fustignac, qui épousa, le 12 novembre 15.., Rose de Pujolet.

De ce mariage :

1° *Mathieu de Benque*, qui ne laisse pas de traces.

III.   2° *Jean de Benque*, seigneur de Fustignac, qui épousa, le 12 mars 1617, Françoise de Roquemaurel.

De ce mariage :

IV.   *Jean-Mathieu de Benque*, seigneur du Tarte, qui épousa, le 2 septembre 1630, Isabeau de Roquemaurel.

(¹) *Catalogue des Chevaliers de Malte*, Bibl. de l'Arsenal, t. Iᵉʳ.
(²) Titres en ma possession.
(³,⁵) *Nobiliaire de Montauban*, Nᵒ 1207.
(⁴) Pièces fugitives du baron d'Aubay, t. III.
(⁶) Bibl. imp., section des Manuscrits.

De ce mariage :

V. *Jean de Benque,* seigneur de Fustignac et de Laslouères, qui épousa, le 7 mai 1659, Marie de Soulancé, et
qui fut maintenu dans sa noblesse, en 1659, par M. Le
Pelletier de La Houssaye.

EXTRAIT DU MÊME NOBILIAIRE
page 1264 (¹).

I. *Bernard de Benque,* seigneur de Pujos, a pour fils :

II. *Jean de Benque,* seigneur de Pujos, qui épousa, le 12
août 1547, Isabeau de Rivière, veuve du seigneur de
Larboust.

De ce mariage :

III. *Bernard de Benque,* qui épousa Antoinette d'Auxion.

De ce mariage :

1º *Jean de Benque,* qui ne laisse pas de traces.

IV. 2º *Corbeyran de Benque,* seigneur de Peyrelongue, qui
épousa Madeleine Adoue.

De ce mariage :

V. *Henri de Benque,* seigneur de Baudéan, qui épousa, le
26 septembre 1646, Catherine de Bordes.

De ce mariage :

Joseph de Benque, qui ne laisse pas de traces.

VI. *Jacques de Benque,* seigneur de Baudéan et de Peyrelongue, maintenu dans sa noblesse le 11 février 1700,
par M. Legendre.

——

Cette année, qui ouvre le dix-huitième siècle, clôt la
série des documents que j'ai pu me procurer sur l'ancienne
famille de Benque. On n'en trouve plus de traces désormais (²). Comment a-t-elle disparu du comté de Com-

(¹) Bibl. imp., section des Manuscrits.
(²) Mᵐᵉ de Montpezat, née de Lordat, par son testament daté du milieu du dix-
huitième siècle, lègue à Mˡˡᵉ de Benque, *sa lectrice,* une rente annuelle de 200 livres. Cette clause testamentaire prouve que la famille de Benque était encore
représentée à cette époque, mais qu'elle était bien déchue. (Testament en ma
possession.)

minges, où elle avait occupé une aussi grande place? Rien n'a pu me le dire. Mais son nom appartient à l'histoire de mon pays, et je suis heureux d'avoir eu l'occasion de lui payer un tribut d'hommages en rappelant le passé d'une terre qui est un trait d'union entre elle et moi.

Il ne me reste qu'à reproduire la traduction authentique des *Coutumes* données à Benque en 1470. Elle est ainsi conçue :

—

AU NOM DE DIEU, AMEN.

Sçachent tous presents et advenir, par les parties sous écrites, avoir eté dict et arresté que le lieu de Benque, diocèze de Commenge, le temps passé souloit estre bien construit et populeux; mais depuis, a cause de la guerre, mortalité, boutesfeux, et autres diverses infortunes advenenes audit lieu, il seroit veneu tellement en ruine et dépopulation en telle manière, que, pour raison desdites ruynes et dépopulations, tous les documents, coustûmes, privileges, franchises, libertés et autres instruments qui appartenoient au régime, gouvernement et police dudit lieu, auroient eté bruslés et perdeus; et parce que encore de présent audit lieu de Benque sont plusieurs habitants sans aucunes coutumes, privileges, franchises, libertés, et documents, et lesquelles coutumes, privileges, et documents, est nécessaire d'estre exprimés afin qu'elles soient entretencues en bonne forme et que lesdits habitants sçachent comme quoy ils se doivent gouverner par cy-après, en desfaut desdits instruments, coutumes, et autres documents sus mentionnés, et aussy qu'il faut necessairement en chacun lieu y ait des coutumes et libertés, lesdits habitants auroient supplié et requis noble Honoré-Jean de Benque, seigneur de Benque, haut justicier, moyen et bas, et direct, et de Montagut de Bourjac, comme seigneur

7

direct dudit lieu de Benque ayant haute, moyenne et basse jurisdiction, qu'il feut son bon plaisir donner et conceder auxdits habitants de Benque quelques coutumes, privileges, franchises et libertés, tout ainsi que les habitants et manants des villes et lieux circonvoisins les ont, tiennent et observent, et ont accoustumé d'observer au présent pays, le mesme noble Jean de Benque, ouyc et par luy diligemment entendeue ladite supplication et requeste à luy faicte et présentée par les habitants de Benque, estre juste et conforme au droit, et que ceux qui demandent choses justes ne faut dénier consentement, mais plustost leur en bailler; pour ce est il, les an et jour bas escript, en presence de moy notaire public et témoings bas escripts, en la maison ou logis vulgairement appellé de Vic, scitué en la jurisdiction dudit lieu de Benque, diocèse de Commenge, estant et personnellement constitué noble Jean de Benque, seigneur des lieux de Benque, Montagut de Bourjac, Escanecrabe et autres places, lequel, non errant, ny induit par aucunne force, dol, crainte, fraude de certaine malice, callidité aucunne, et autres faciles machinations, sujestion, ou cautelle d'aucun connue, a déclaré, pour faire les choses cy après escriptes, non constraint ny circonveneu, ains de sa propre et gratuite volonté, pour soy et pour ses héritiers naturels, et quelconques ses autres successeurs à l'advenir, ayant eu sur ce, en premier lieu, advis, délibération et conseil avec gens de sçavoir, comme a dit, de gré, a donné, concedé, baillé à Jean Sols, Dominique Bonnet, Bertrand de la Burgade, Vital de la Burgade, Raymond Legué, Doumenges de Maumus, Doumenges de Sarraute, Domenges de Castes, Vital de la Burgade, Pey Delhom, Sans de Allian, habitants dudit lieu de Benque, illec présents, pour eux et pour tous, et chacun les autres manants et habitants qui sont de présent et seront à l'advenir dudit lieu de Benque, jurisdiction et dépendances d'icelluy, les coutumes, privi-

leges, franchises et libertés, en certain cayer de papier
contenus, et à moy notaire soubs escript, que ledit noble
Jean de Benque baille et exhibe pour l'insérer au présent
instrument ; duquel cayer la teneur s'ensuit et est telle :
A tous ceux qui ces présentes lettres verront sçavoir fai-
sons, nous Jean de Benque, seigneur dudit lieu de Benque,
pour nous et nos successeurs, les libertés, privileges et
coutumes que nous avons concédés à tous habitants de
Benque présents et futurs : Au nom du Père et du Fils et
du Saint-Esprit, amen. Premièrement, nous voulons et
concédons que par nous, ny par aucun de nos successeurs,
ny par aucun de notre nom, puisse estre faicte imposition
en aucun temps sur lesdits habitants, tailhe, albergue ou
queste, ny prendre aucun prest, sinon que de gré ly dits
habitants nous veuilhent prester. *Item,* que les manauts
de ladite ville, et à l'advenir, puissent vendre, engager,
donner, alliéner tous leurs biens meubles et immeubles
toutes fois et quantes qu'ils voudront, excepté les immeubles lesquels ils ne pourront alliéner à l'Eglise, à personnes
religieuses et à gens d'armes, si ce n'est en gardant le
droit du seigneur, duquel la chose sera tenue en fief. *Item,*
que les habitants pourront marier leurs filles librement où
ils voudront et faire pourvoir leurs enfants à l'ordre clé-
rical. *Item,* que nous ou nostre bayle qui sera pour temps,
ne prendrons aucun habitant de ladite ville et ne luy fai-
rons aucunne violence, et ne saisirons leurs biens, pourveu
qu'il baille cautions de demeurer en nostre droit, sy ce
n'est pour meurtre ou mort d'homme, ou pour une playe
mortelle ou autre crime par lequel son corps ou ses biens
nous doibvent estre encoureus. *Item,* que sur la plainte
ou crierie d'aucuns, autre, ny nostre bayle qui sera pour
temps, ne envoyeront quérir ny adjourner, si non pour
nostre droict et faict propre et pour nostre querelle, aucun
habitant de ladite ville et appartenances d'icelle sur les
choses qui seront faictes en ladite ville, appartenances et

deppendances d'icelle, et sur les possessions de ladite ville
et enclaves d'icelle. *Item*, si aucun habitant de ladite ville
vient à mourir sans faire testament et n'aye poinct d'enfants, et ne se présentent autres héritiers qui luy doivent
succéder, le bayle et consuls de ladite ville recommande-
ront les biens du deffunt, après en avoir faict inventaire,
à deux hommes de bien de ladite ville, pour les garder
fidellement par an et jour; et si dans ledit terme l'héritier
se présente qui doibve succéder, tous les biens susdits
doibvent estre entièrement rendeus; autrement les biens
meubles nous seront bailhés, et aussy les immeubles qui
seront par nous teneus pour en faire de tous nos volontés,
et les autres immeubles que le deffunt tenoit d'autres seigneurs en fief seront bailhés auxdits seigneurs, et les
debtes du deffunt, si sont claires, seront payées sans
attendre la fin de l'an. *Item*, les testaments qui seront
faicts par les habitants de ladite ville en presence de té-
moingts dignes de foy vaudront encores qu'ils ne soient
faicts selon les solemnitéz des loys, pourveu que les enfants ne soient fraudés en leur légitime portion, appellé
ou le chappelain audit lieu ou autre personne ecclésias-
tique, si commodément peut estre appellé. *Item*, que nul
habitant de ladite ville, de quel crime adjourné ou accusé
qu'il soit, pourra se deffendre ou purger par dueilh ou
combat, selon qu'il veuille ou soit constraint venir audit
combat; et s'il reffuse ledit dueilh ou combat, pour cella
ne sera teneu ny reputté pour vaincueu ou condemné;
mais celluy qui l'a appellé, s'il veut, prouvera le crime
qu'il luy objecte et accuse, par tesmoingts ou par autres
preuves, selon la forme du droict. *Item*, que les habitants
dudit lieu pourront tenir ou recepvoir en cens ou en don,
de quelle personne que ce soit qui leur voudra bailher,
vendre ou inféoder, ou donner ses biens immeubles, sauf
francs fiefs et nobles, lesquels ils ne pourront achepter ny
recepvoir si ce n'est que cella procède de nostre licence

ou de nos successeurs. *Item*, s'il se vend quelque chose,
ou pièce ou meuble, nous aurons les lods et ventes de
l'achepteur, sçavoir la douzieme partie du prix a quoy la
chose aura été vendeue. *Item*, le bayle de ladite ville est
teneu de jurer, au commancement de la baylie, devant
les preudhommes d'icelle, que en son office, il se portera
fidellement, en ce qui luy appartient, qu'il rendra son
droiet à chascun selon sa possibilité, et qu'il observera la
coutume de la ville et les statuts raisonnables. *Item*, que
les consuls de ladite ville se verront chascun an, à la feste
de la Touts Saints, et les consuls vieux éliront quatre
hommes comme il leur semblera, selon leur cognoissance
et conscience, et fairont nommer et escrire lesdits quatre
hommes en une lettre close, et ladite lettre ils porteront
au bayle du lieu le matin de ladite feste pour la presenter
aux conseillers de ladite ville qui seront congregés en
certain lieu, et lesquels, desdits quatre hommes nommés
en ladite lettre, seront teneus en eslire deux des plus capables, en compaignie ensemble avec le bayle; et estant
ladite eslection faicte, le mesme jour lesdits esleus, si
peuvent estre trouvés, jureront ès mains dudit bayle, sans
aucun coustage ny salaire, de bien et fidellement exercer
l'office du consulat, deffendre et conserver le corps du
seigneur de ladite ville, et aussy les droits d'icelluy, et
qu'ils ne pourront prendre aucun présent ny service à
cause de leur office, d'aucun, par soy ny par autre, si ce
n'est seulement ce qui est concédé et permis de droit à
chacun dans l'exercice de son office et charge; la communauté de ladite ville, devra aussi promettre, en présence
des consuls et du bayle, bon et fidelle conseil, ayde et
faveur à sondit seigneur et auxdits consuls, selon son possible, quand elle en sera requise; lesquels consuls ainsy
créés avec ledit bayle auront perpétuellement la cognoissance de toutes causes, tant civilles que criminelles, en
ladite ville, ses appartenances et deppendances, et impo-

seront les tailhes lesdits consuls, avec le conseil du peuple,
pour les dépenses et réparations et autres choses nécessaires de ladite ville. *Item*, tout laïc que aura en ladite
ville ou appartenances possessions ou rentes, et qui pour
raison de sesdites possessions, lui, et ses successeurs de-
vront participer aux dépens, esmandes, et élections qui
seront faictes par lesdits consuls pour l'utillité de ladite
ville, qu'il fasse comme dit est, comme habitant de ladite
ville, au sol la livre, et, s'il ne le veut faire, nostre bayle
le pignorera à l'instance desdits consuls. *Item,* les clercs
ou autres personnes privilégiées seront teneus à faire le
semblable pour toutes leurs possessions qui n'apparoî-
tront leur estre parvenues par droict héréditaire, des
choses héréditaires ils ne seront teneus rien payer, sinon
que procedant de la pure libéralité desdites personnes
ecclésiastiques. *Item*, quiconques battra un autre de
poing ou soufflet ou de pied, par courroux, et qu'il n'in-
tervienne point de sang, si plainte en est faicte, sera puny
en cinq sols tournois pour ce; et si, avec couteau ou bas-
ton, pierre ou tuille, sans interjection de sang, s'il y a
plainte, celluy qui aura batteu sera puny en vingt sols;
et s'il y a sang, et est faicte plainte, celluy qui a batteu
sera puny en soixante sols pour la justice, et fera esmande
pour l'injure au blessé. *Item,* si quelqun tue un autre et
est trouvé coupable de mort par jugement de nostre cour,
qu'il soit puny et ses biens à nous confisqués, payées en
premier lieu ses debtes. *Item*, si quelqun injurie un autre
de enormes opprobres et parolles injurieuses et malicieu-
ses qu'il luy dira par fort courroux, et de ce est faite
plainte à nostre bayle, sera condamné et puny en deux
sols et demy tournois pour la justice, et faira esmande à
l'injurié; et si quelqun dit lesdites parolles injurieuses
par courroux devant nostre bayle ou devant nostre cour,
sera condamné en cinq sols tournois pour la justice, et
esmandera envers celluy qui aura souffert l'injure. *Item,*

quiconque rompra nostre baniere ou de nostre bayle, ou
bien hostera un gage par luy faict de chose jugée, sera
puny de trente sols tournois pour nostre justice. *Item*, un
adultère ou adulteresse qui seront prins en l'adultère, s'il
est fait plainte et que par hommes dignes de foy ils soient
sur ce convaincus ou qu'ils l'ayent confessé en jugement,
chascun sera condamné en cent sols tournois pour la justice, ou qu'ils courent la ville tous nuds, et que ce soit à
leur choix. *Item*, qui aura tiré un coutteau ou dague
contre un autre par colère sera condamné en dix sols pour
la justice, et faira esmande à l'injurié. *Item*, quiconque
aura desrobé de nuït ou de jour quelque chose de valeur
de deux sols, ou moins, qu'il coure la ville avec la chose
desrobée attachée au col, et soit condamné en cinq sols
tournois pour la justice, et rendra le larcin à celluy qu'il
a desrobé, excepté le larcin des fruits, desquels sera faict
comme est contenu cy-après; et quiconque aura desrobé
une chose vallant cinq sols tournois, pour la première
fois sera marqué et condamné en soixante sols tournois
pour la justice; et si quelqun est pendeu pour larcin, seront à nous, pour la justice, appliquées et payées dix
livres, si ses biens le valent, payées ses debtes, et le reste
sera aux héritiers du pendeu. *Item*, si quelqun entre de
jour aux jardins, vignes et preds d'autruy, et prend les
fruits, foin, paille, bois, vallant douze deniers tournois ou
au dessous, sans la vollonté de celluy à qui appartiennent,
après que par chascun au les deffenses auront été faites et
publiées, sera condamné en deux sols et demy tournois,
payables aux consuls pour les besoins de la ville, pour la
justice; et si lesdits consuls ont quelque chose en commun
de cella, le doivent mettre à aucuns proffits de ladite ville,
comme aux réparations des rues, des ponts, des fontaines
et des autres choses semblables; et s'ils vallent plus de
douze deniers, sera condamné en dix sols envers nous,
pour la justice; et s'il y est entré de nuict et a prins foin,

fruits, paille, ou bois à chauffer, sera condamné en trente sols envers nous pour la justice, et une esmande envers celluy auquel l'injure a eté faicte; et si un bœuf, vache ou autre beste grosse est entrée dans les jardins, vignes ou preds d'autruy, payera le maître de la beste six deniers aux consuls de ladite ville, et pour un porceau ou truye trois deniers, et pour deux brebis ou chèvres ou boucs, aussi s'ils y entrent, payera le maître à qui appartiendront lesdites bêtes, un denier aux consuls de ladite ville, lesquels fairont estimer le dommage, et fairont payer à celluy auquel appartient le jardin, la vigne ou le pred. *Item*, quiconque tiendra un faux poids ou fausse mesure, pourveu qu'il soit, sur ce, légitimement convaincu, sera puny en soixante sols tournois pour la justice. *Item*, pour la clameur d'un debte, pacte ou quelqu'autre contract, s'il est incontinent, en présence de nostre bayle, au premier jour confessé par le débiteur sans qu'aucun procès soit meu, il ne sera rien payé pour nostre justice; mais dans les neuf jours, le bayle doit constraindre le débiteur de payer au créditeur ce qu'il aura confessé debvoir devant luy; sinon le débiteur, dès lors, sera puny envers nous de deux sols et demy tournois pour la justice. *Item*, pour toute clameur simple de laquelle il y aura procès intenté et sera demandé délay, pour payer incontinant après la prononciation de sentance, nous seront payés cinq sols tournois pour la justice. *Item*, celluy qui sera deffaillant au jour à luy assigné par nostredit bayle, sera puny envers nous de deux sols et demy tournois pour la justice, et envers la partie adverse sera condamné aux dépens légitimes. *Item*, nostre bayle ne doibt recepvoir l'esmande envers nous adjugée pour raison de nostre justice, ny prendre aucun gage jusqu'à tant qu'il aura fait payer la chose adjugée à la partie qui a obtenu. *Item*, pour un procès de choses immeubles, après la prononciation de la sentance, nous seront payés cinq sols pour la justice. *Item*

de toute plainte et clameur faite, de laquelle procès aura
été meu et commancé, si le demandeur ne peut prouver
le contenu de sa plainte et demande, sera condamné en
cinq sols tournois envers nous pour la justice, et néant-
moins sera condamné aux dépens légitimes envers la partie accusée ou actionée. *Item*, nous concédons à tous et
chacuns les habitants de ladite ville présents et advenir,
que chacun puisse faire un four, un ou plusieurs, toutesfois et quantes qu'il leur semblera expédiant, auxquels
fours ils pourront cuire librement et sans controverse leur
pain et celluy d'autruy, et pour lesquels fours ils ne seront
teneus de rien nous donner ny payer à aucun seigneur de
nostre nom. *Item*, les instruments qui seront faits par le
notaire de la ville auront la force qu'ont les instruments
publics. *Item*, que chascun habitant dudit lieu pourra
aiguiser les reilhes et arnois, et autres à son plaisir, à telle
forge qu'il voudra, en payant une géline seulement bonne
et suffisante au seigneur de ladite ville chaque année à
Toutssaints. *Item*, ledit seigneur de Benque, pour soy et
ses successeurs, donne et concède à chascun des habitants
qui seront de présent et seront à l'advenir audit lieu de
Benque, un arpent terre là où il voudra chascun habitant, en un lieu pour maison, soubz la ville dudit lieu de
Benque, ou bien là où la ville souloit estre, de la largeur
de deux brasses et demy et de trois brasses et demy de
longueur, et ce, tout pour cap cazal, franc et libre de
tout oblie et servitudes, excepté que chascun desdits habitants, tant pour lesdits capcazaux que pour les herbes,
feuillages, pasturages et fourestages, payera et servira
audit seigneur chaque an, à la feste de Toutssaints, trois
mesures froment et trois mesures avoine, et une géline
bonne et competante. *Item*, que chascun habitant puisse
tenir et appasturer son bestail propre, en quel nombre et
de quelle condition que ce soit, audit lieu et appartenances
de Benque, librement et sans aucunne servitude. *Item*, que

chascun habitant dudit lieu de Benque puisse tenir et avoi[r] gazaille capitales audit lieu et appartenances dudit lieu de Benque franches et libres, sçavoir : de six testes de vaches, de cent testes de brebis, de six juments et de trente pourceaux, et aussy des chèvres; et s'il en tient plus, qu'il se accorde avec le seigneur dudit lieu de ce qu'il tiendra outre le nombre susdit; c'est à sçavoir ainsy que, pour dix vaches d'herbe, il baillera audit seigneur douze gros, valeur chascun gros de six liards, monoye courante; et pour cent oueilhes, autant; et pour dix juments d'herbe, autres douze gros, et ainsy du plus grand au petit. *Item*, chaque habitant dudit lieu de Benque pourra tenir gazaille médiocre de toute sorte d'animaux, de sorte que, de sa part, payera et donnera chascun an, durant ladite gazailhe, audit seigneur dudit lieu de Benque, de cent jeunes oueilhes, douze gros valleur desdits, six liards, monoye courante; et desdites oueilhes d'herbe, autant; et de dix juments d'herbe, semblablement; et de la part dudit habitant, d'autres ne seront teneus rien payer. *Item*, que chascun habitant dudit lieu de Benque fera et servira audit seigneur de Benque et ses successeurs, de chaque arpent terre qu'il tiendra au susdit lieu de Benque et ses appartenances, chascune feste de Toutssaints, dix deniers toulousans vallant huit ardits. *Item*, chaque habitant dudit lieu de Benque, et chascun d'eux, pourront conjointement ou séparément, sans demander licence à aucun supérieur, chasser en la jurisdiction et appartenances dudit lieu, et en icelle, prendre, tant de jour que de nuit, tous animaux sauvages de quel genre qu'ils soient, et librement, excepté l'ours, lequel, s'ils prennent, bailleront la teste au seigneur dudit lieu ou ses procureurs, ou autres députtés par le seigneur, ou à soy-mesme. *Item*, les consuls dudit lieu de Benque pourront vendre et arrenter les boucheries et tavernes, une partie du lieu estant consent, et ce tous les ans et pour tant de temps qu'il leur semblera, et à quelconque ils voudront, sans licence d'aucun supérieur; du prix qui proviendra dudit arrentement, lesdits consuls pourront disposer à leur volonté pour utillité de l'universalité dudit lieu, excepté la quatriesme partie dudit arrentement, laquelle appartiendra et compétera au seigneur dudit lieu ez mesmes termes de l'arrentement; demeurera toutesfois auxdits consuls et au peuple dudit lieu de Benque l'action toujours et le choix d'arrenter ou de n'arrenter pas lesdites tavernes et boucheries, les droits et émoluments d'icelles. Les susdites libertés et coutumes et tous les susdits droits, ledit noble Jean de Benque, pour soy et ses successeurs, en tant que de droit il a, pour donner et concéder à perpétuité, à tous et chascuns les habitants de Benque présents et futurs, sans préjudice du droit d'aucun; sauf aussy réservé toujours en toutes choses et autres son droit et de ses successeurs; et pour plus grande fermeté de toutes choses susdites, tant en jugement que dehors, ledit noble Jean de Benque a juré sur les quatre saints évangiles de Dieu, touchés corporellement de sa main dextre, de tenir, accomplir, garder et observer inviolablement toutes les choses par luy promises, conteneues et exprimées au présent public instrument, et ne faire dyre ny venir au contraire, ny consentir par aucunne façon que ce soit, que par aucunne personne y soit contreveneu par aucunne cause ny raison de droit ou de faict, en aucun temps à l'advenir. En tesmoing de quoy, et pour la perpétuelle mémoire desdites choses, il a vouleu et concédé que instrument en feut escript et reteneu un double, rendeu et baillé à chascunne partie de mesme teneur, avec le conseil de gens expérimentés, si besoin estoit, dictant la vérité de la substance non changée en aucunne desdites choses; et ont esté faictes en ladite habitation et lougis appellé de Vic, jurisdiction de Benque, diocèze de Commenge, le septiesme jour du moys de février an de l'Incarnation de Nostre Seigneur mil quatre cent septante, reignant nostre sérénissime prince Louis, par la grâce de Dieu roy de France, et révérend père en Jésus-Christ Geoffroy, par la grâce de Dieu évesque de Rieux, en présence et tesmoings de noble Sicard de Mirepoix, Gaillard de Mirepoix, Bernard de Bernet, Pierre Garès de Benque, et Jean Dupuy de Saintignan, habitants, tesmoings à ce dessus appellés, escripts et priés, et Guilhaume Anoty, notaire royal dudit Benque, qui, requis de ce dessus, ay reteneu et expedié le présent instrument doublé en cette forme par main autre et à moy fidelle l'ay faict escrire, et premièrement faite collation avec mondict substitut, l'ay signé de mon seing instrumentaire, en foy de ce, ANOTY, ainsi signé. Extrait faict sur l'original collationné par Mᵉ Pierre Saint-Blanquard, docteur et advocat en la Cour, à la requette des consuls de l'an mil cinq cents quatre-vingts-huit, et grossoyé par moy Jean Dauzat, notaire royal, habitant d'Aurignac : DAUZAT, notaire royal, ainsi signé.

Collationné par moy notaire royal de Terrebasse, soubssigné, sur le cahier des coutumes du lieu de Benque, au dioczèze de Comminges, à moy exhibé par le sieur Bonnemaison, consul en charge dudit lieu, et qui l'a retiré; en foy de ce, audit Benque, le cinquième juin mil sept cens trante-neuf. En foy de ce, CLAVERIE, notaire royal. — Controllé à Aurignac, ce 5 juin 1739. V. reçu six sols : DESENTIS.

www.ingramcontent.com/pod-product-compliance
Lightning Source LLC
LaVergne TN
LVHW022132080426
835511LV00007B/1112